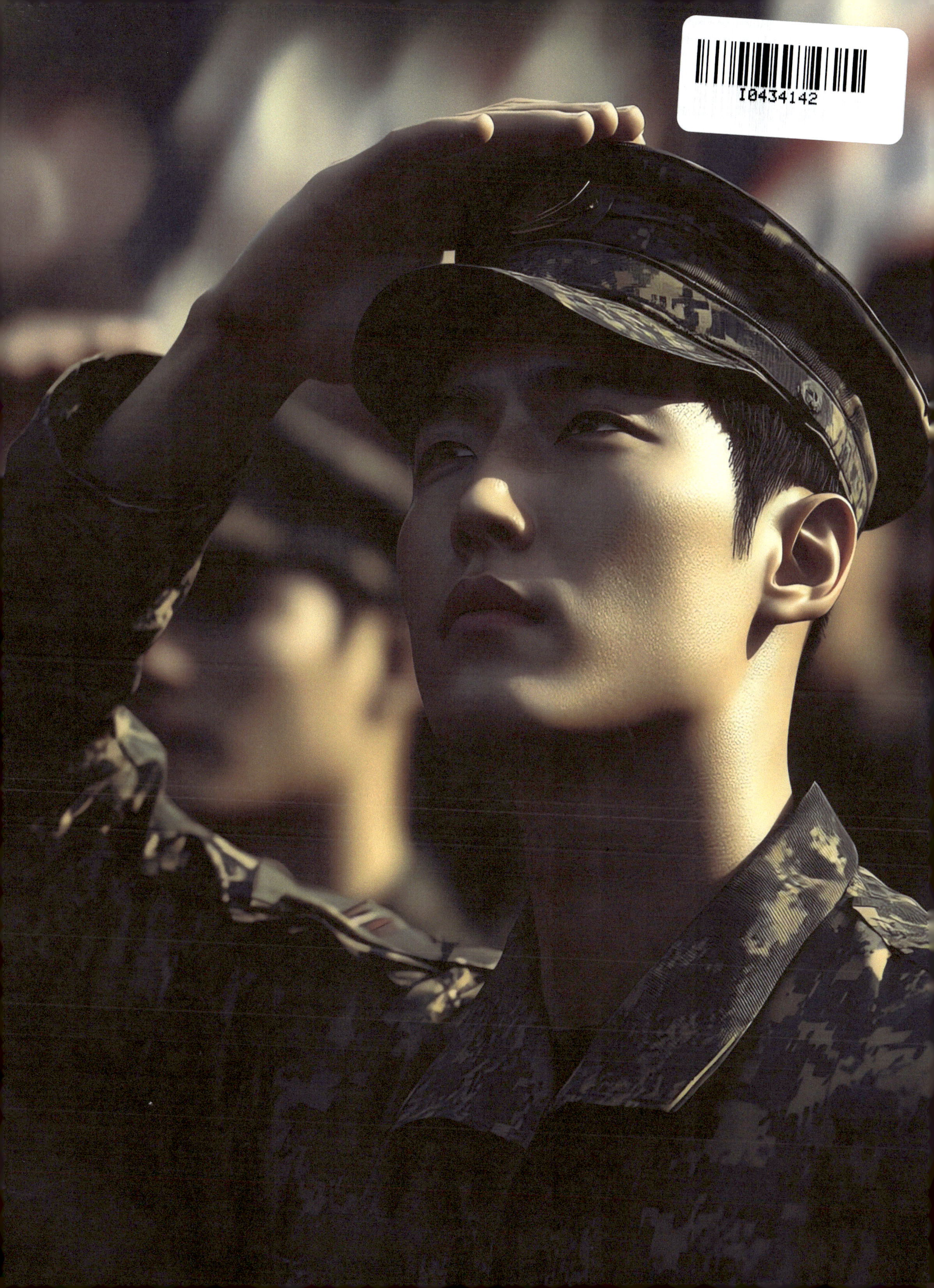

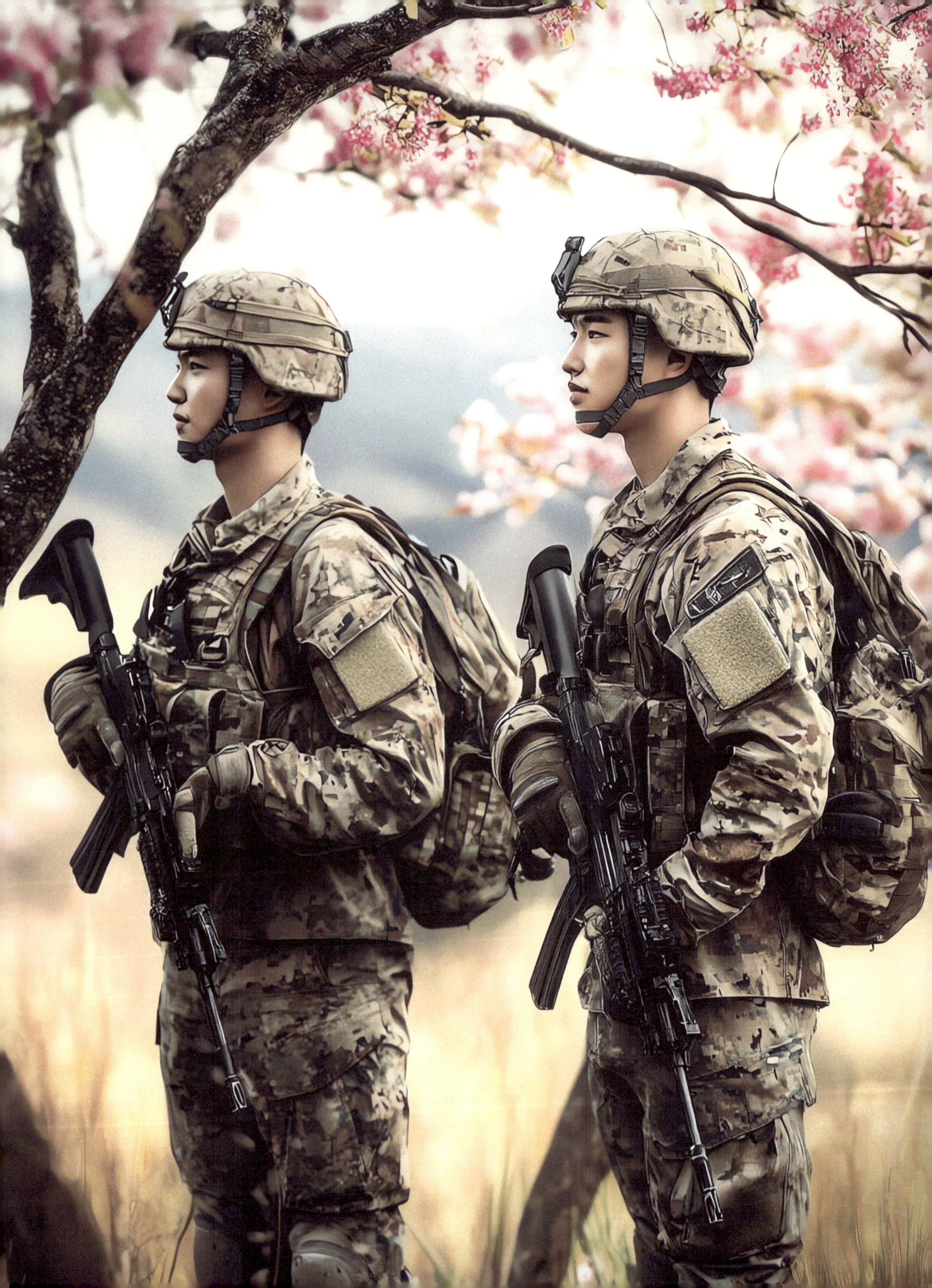

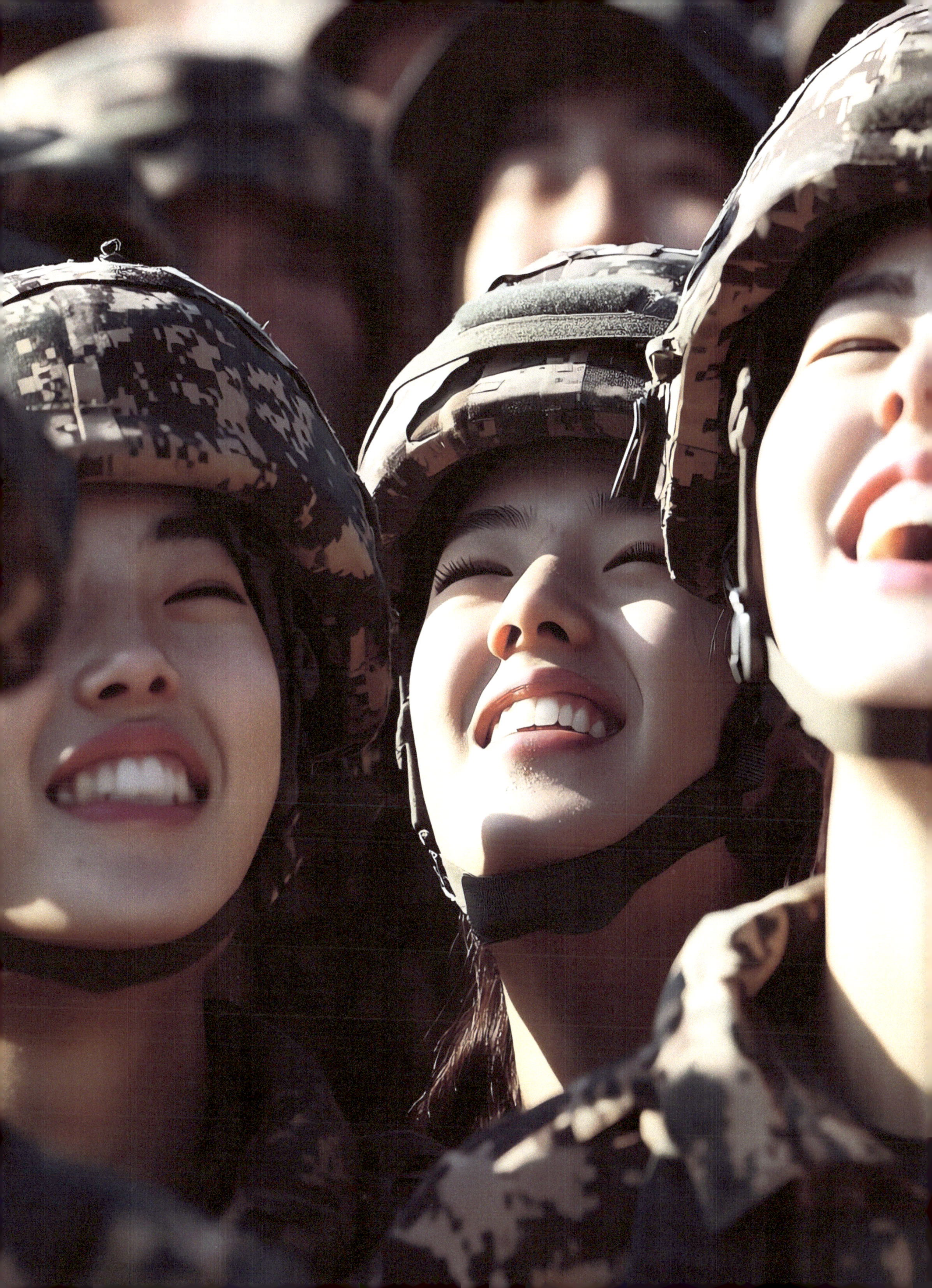

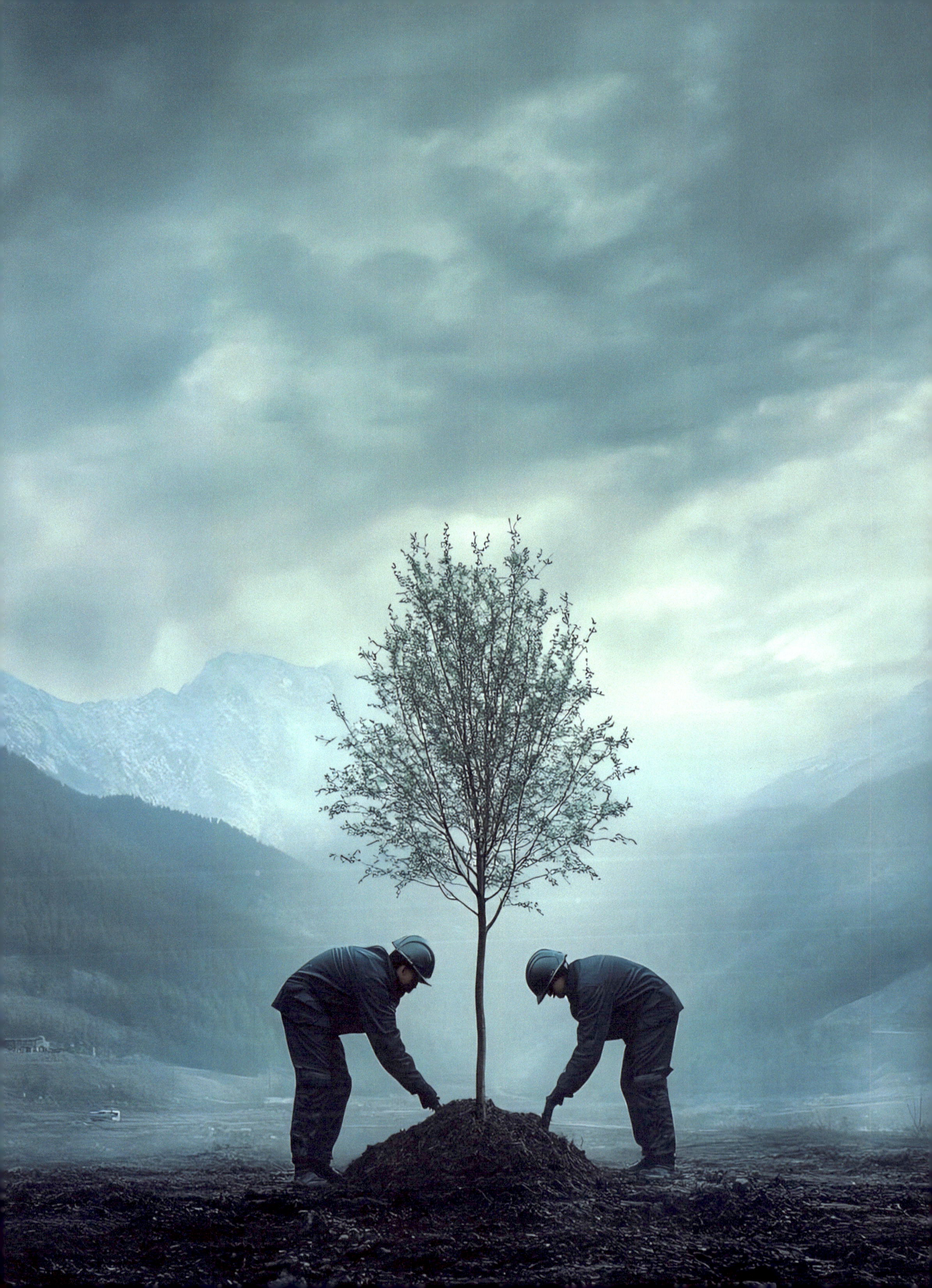

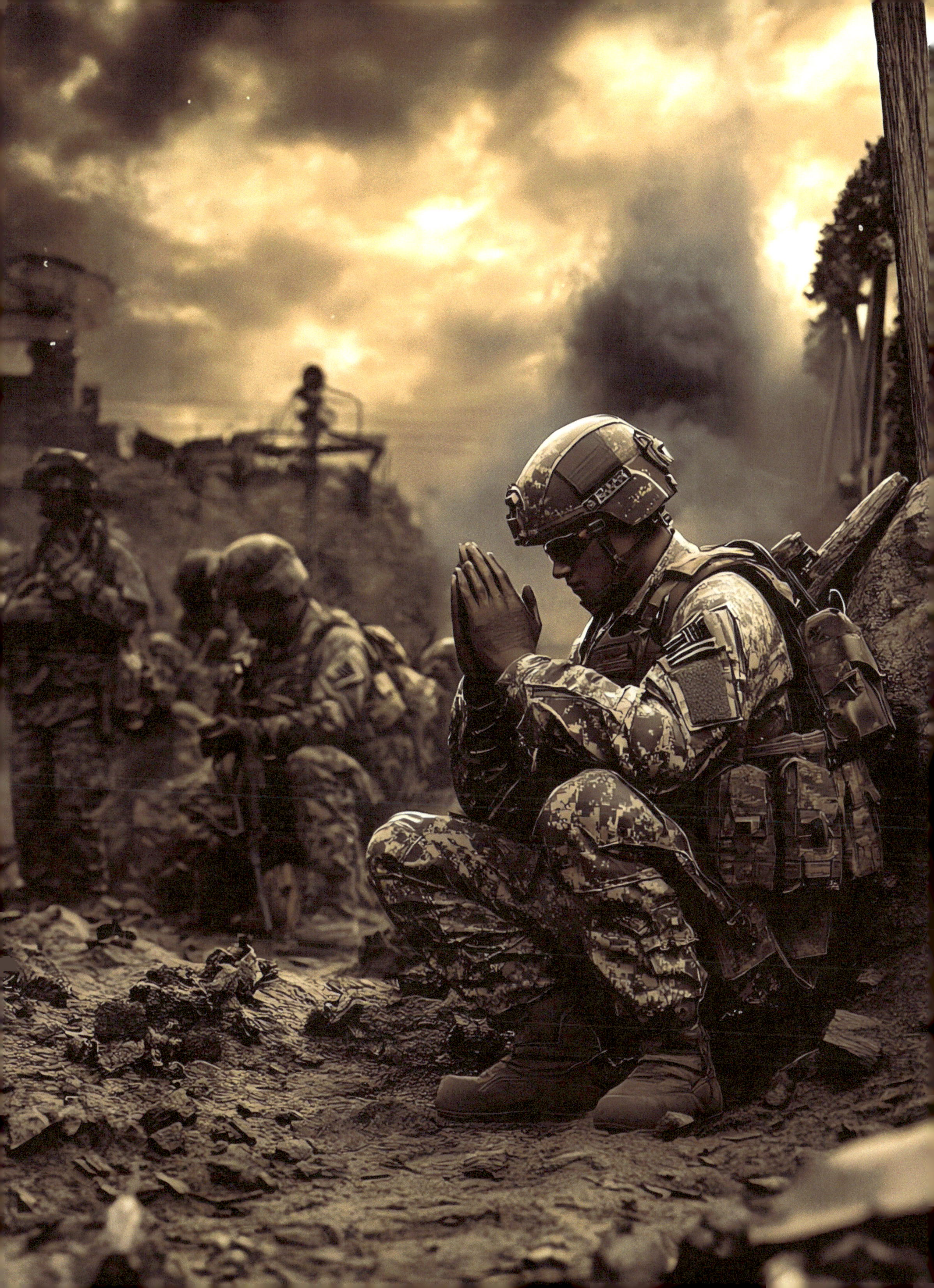

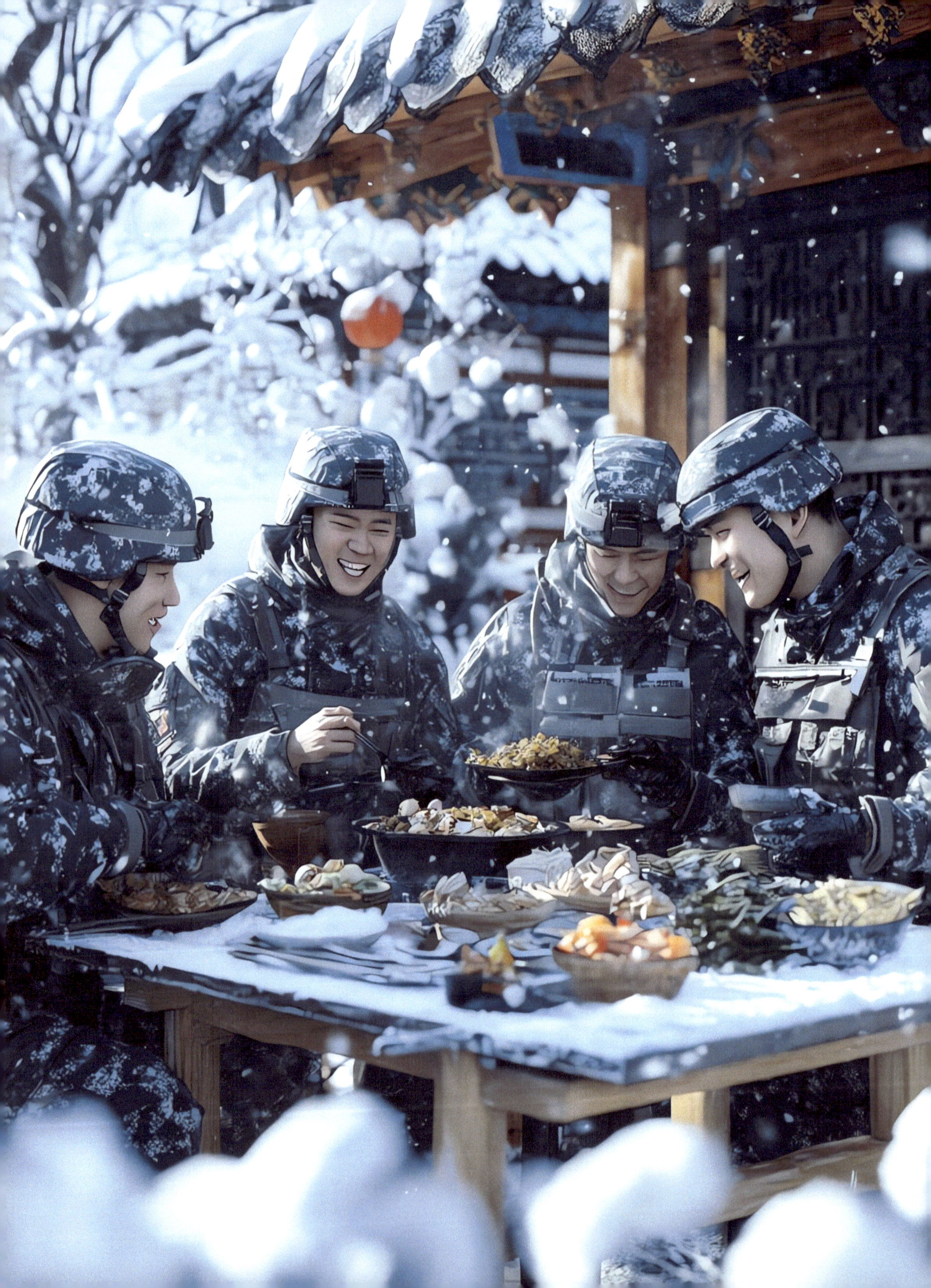

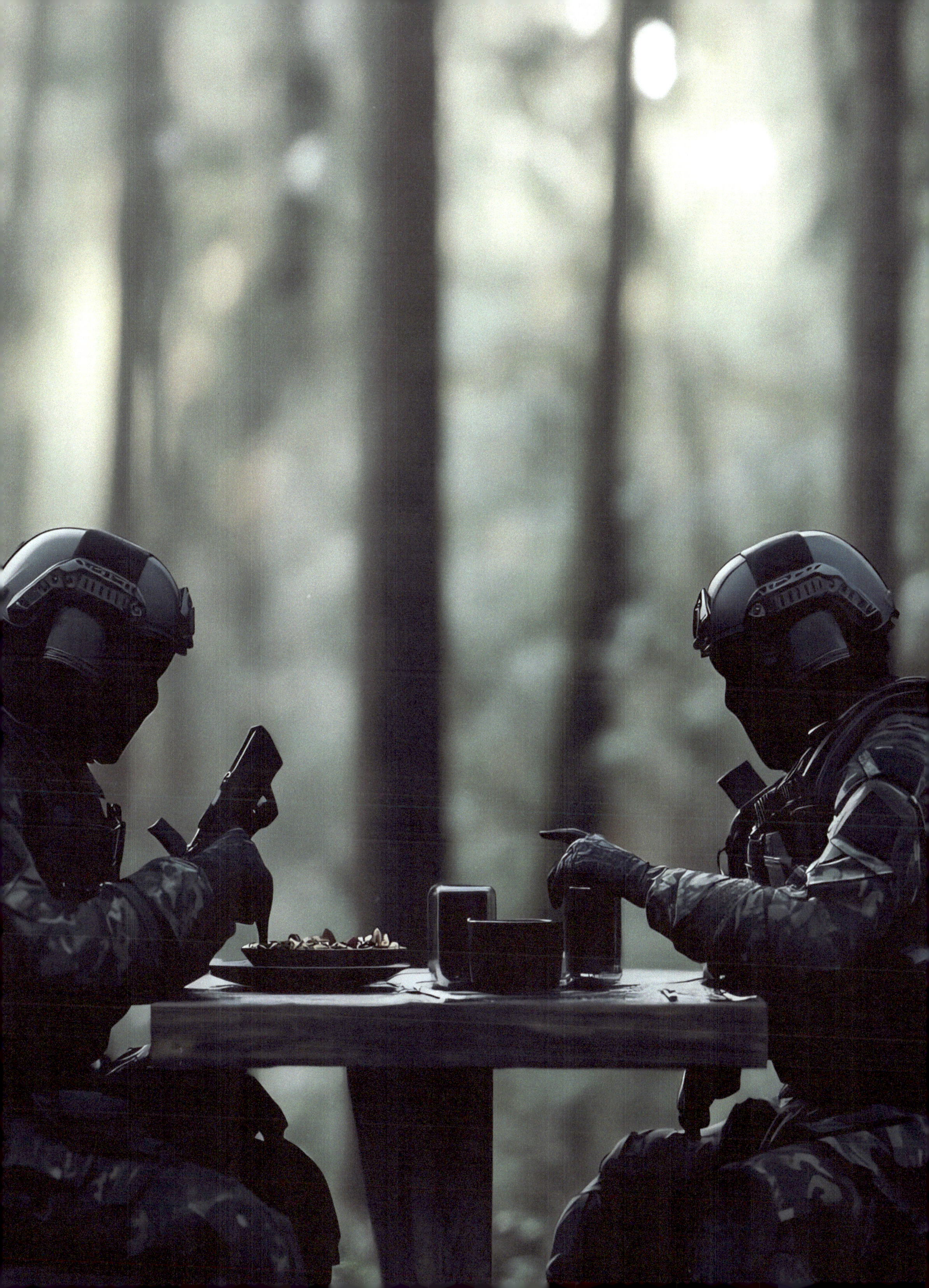

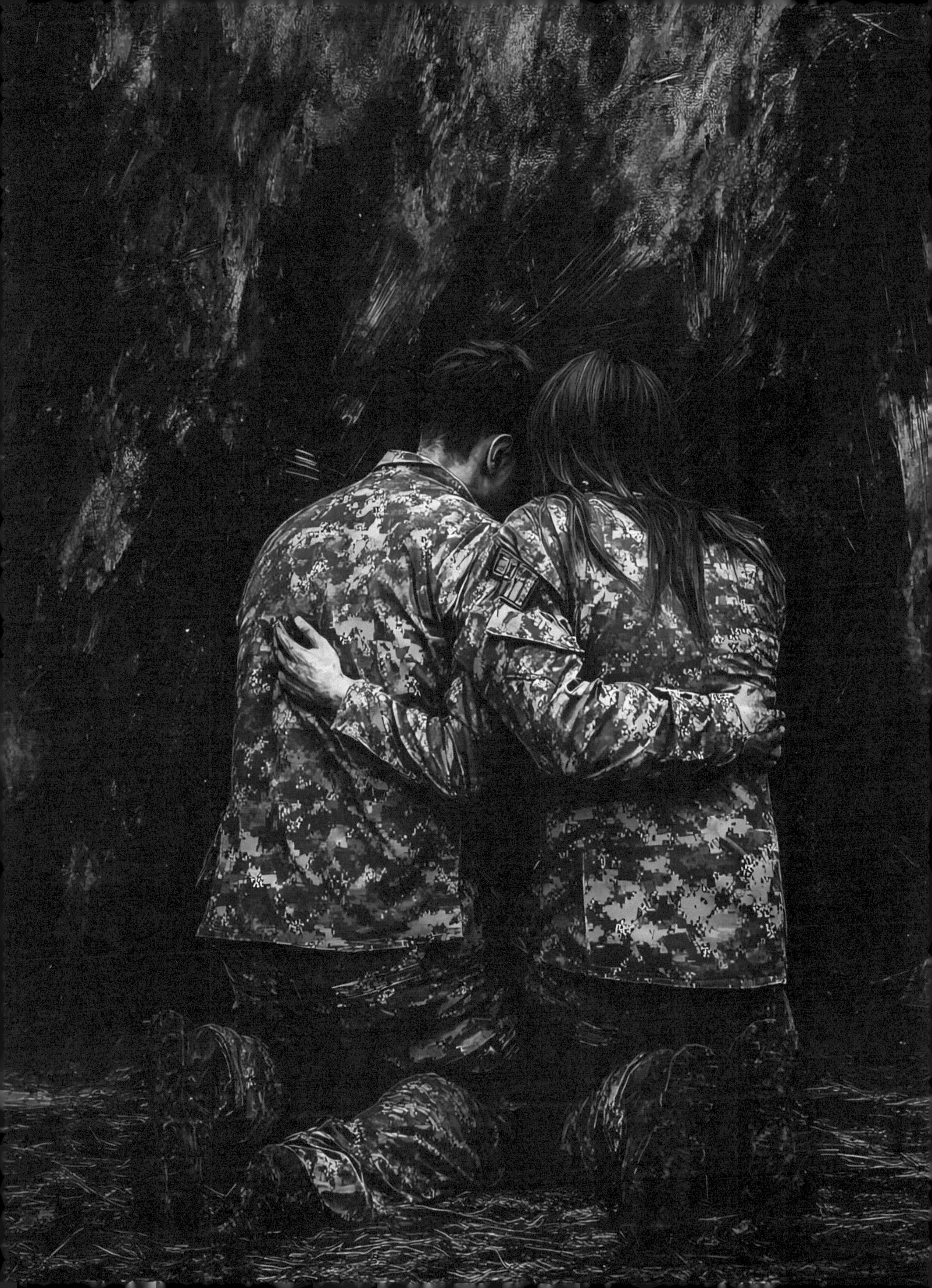

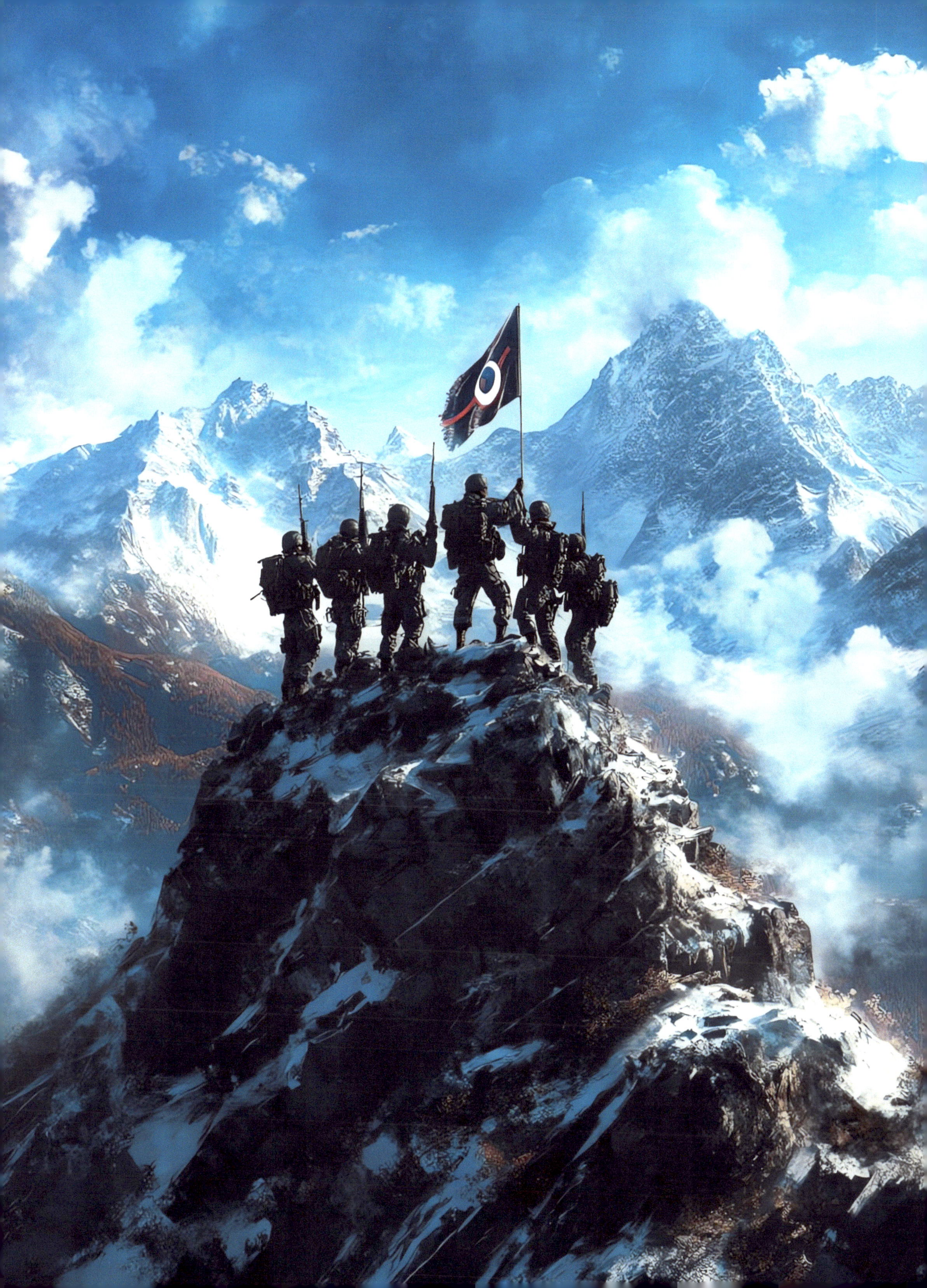

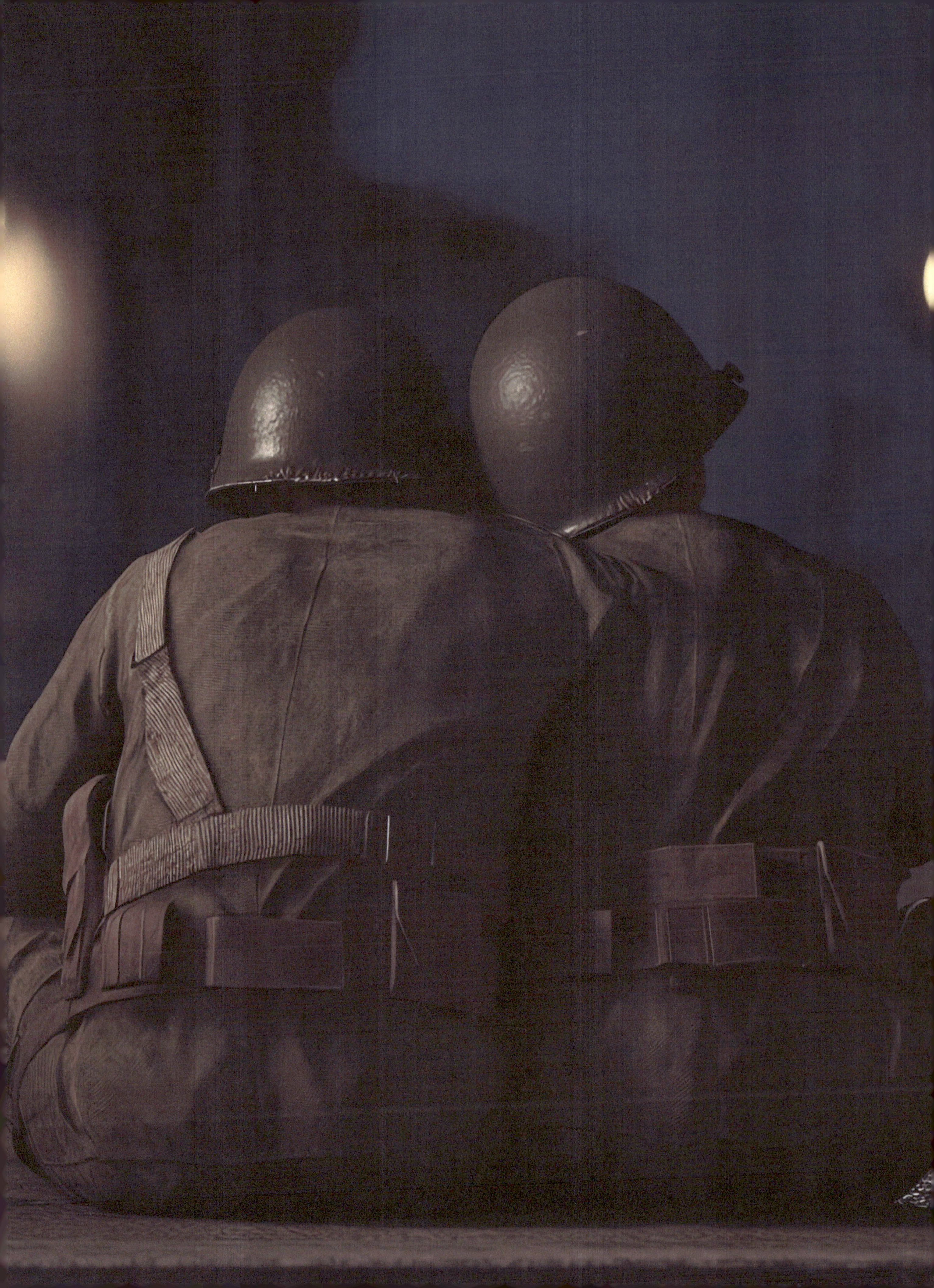

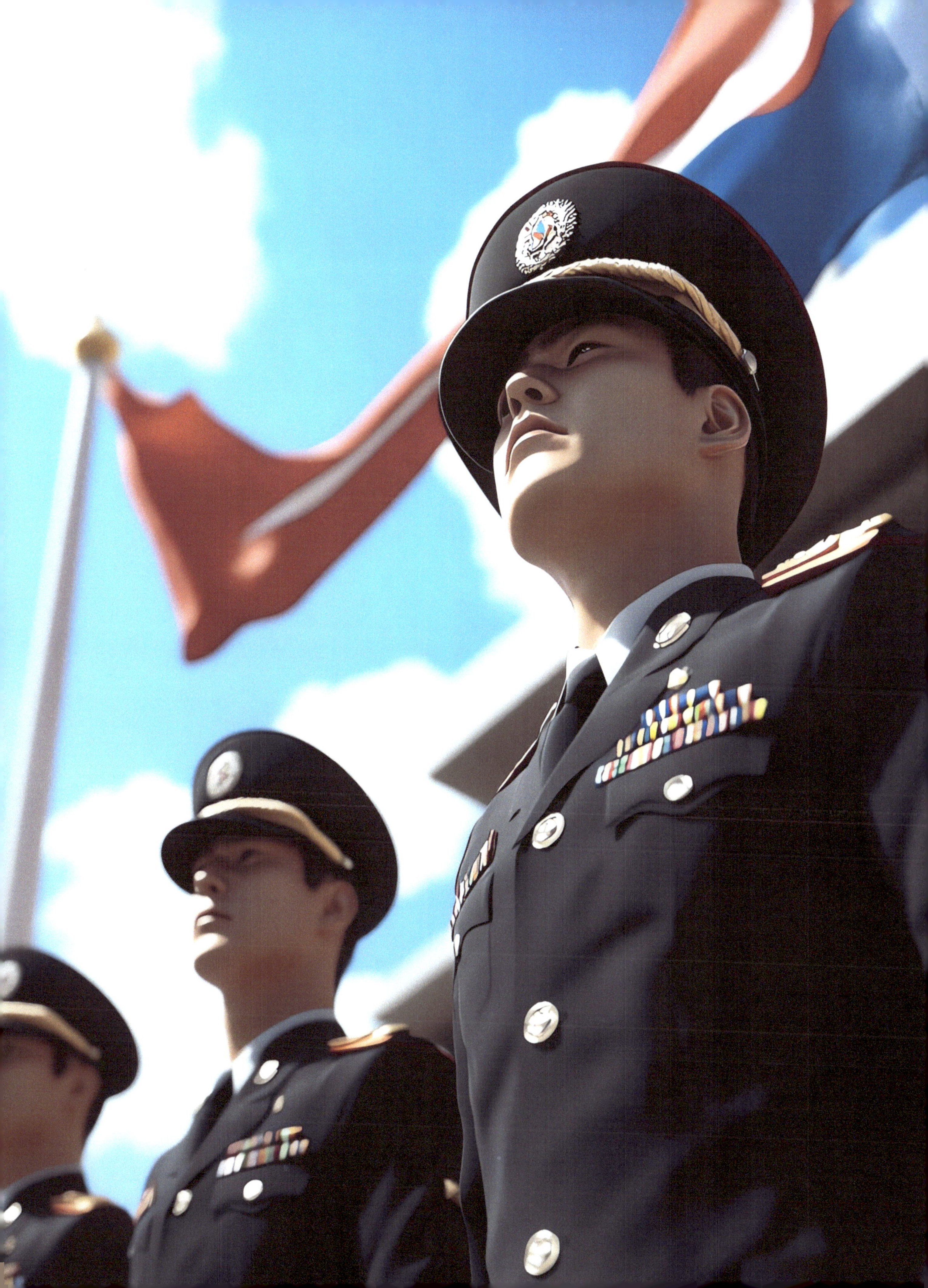

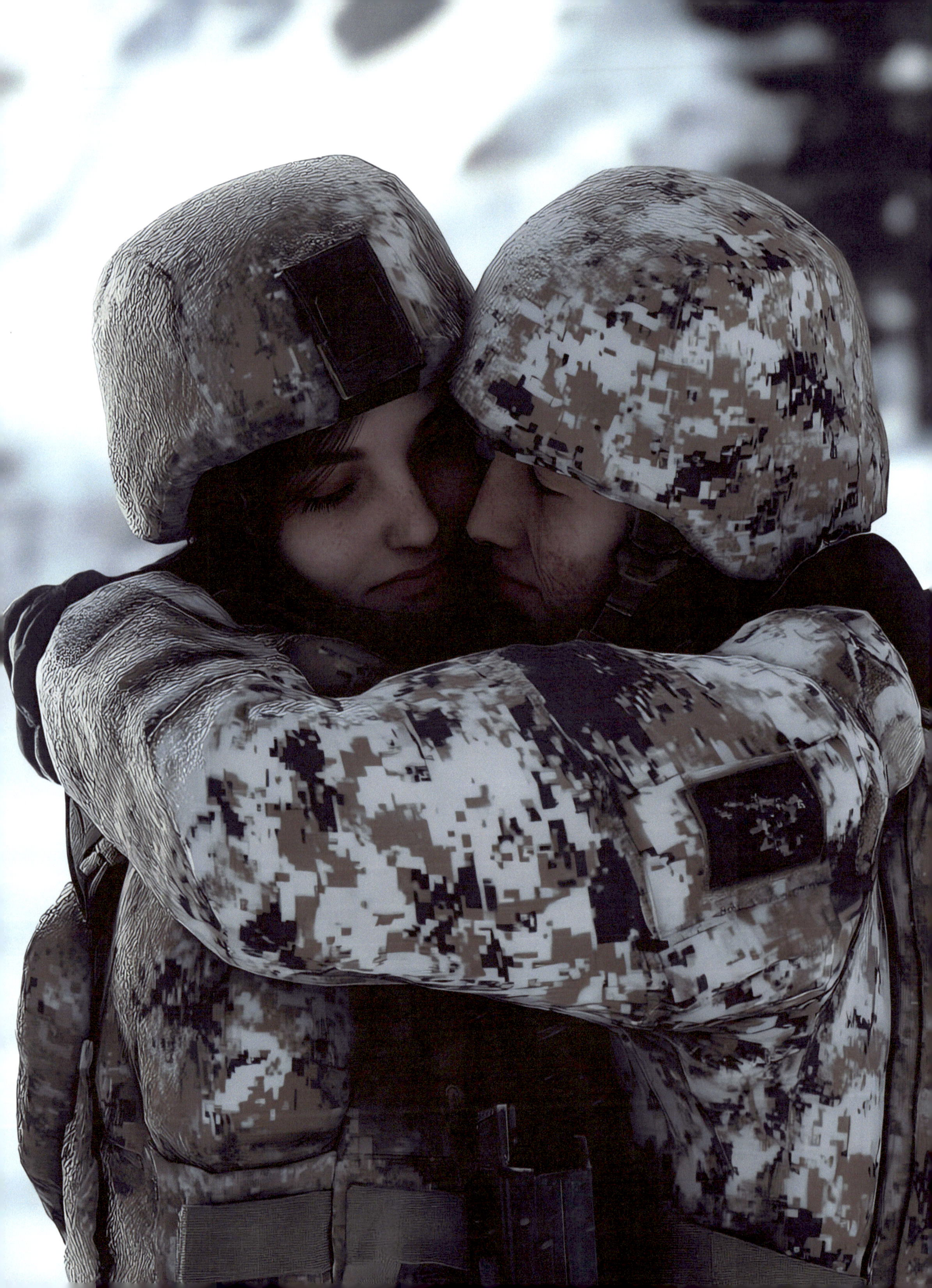

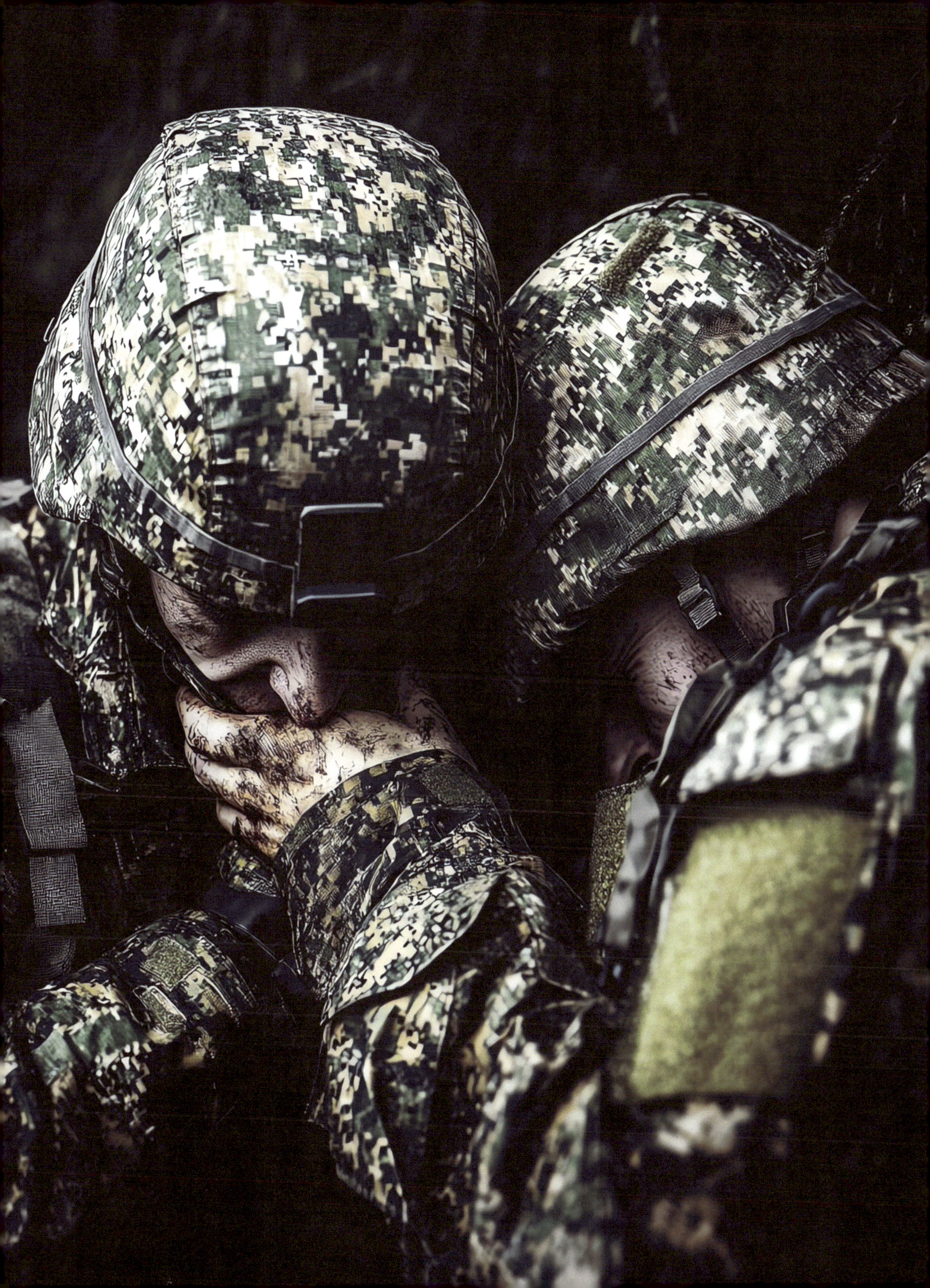

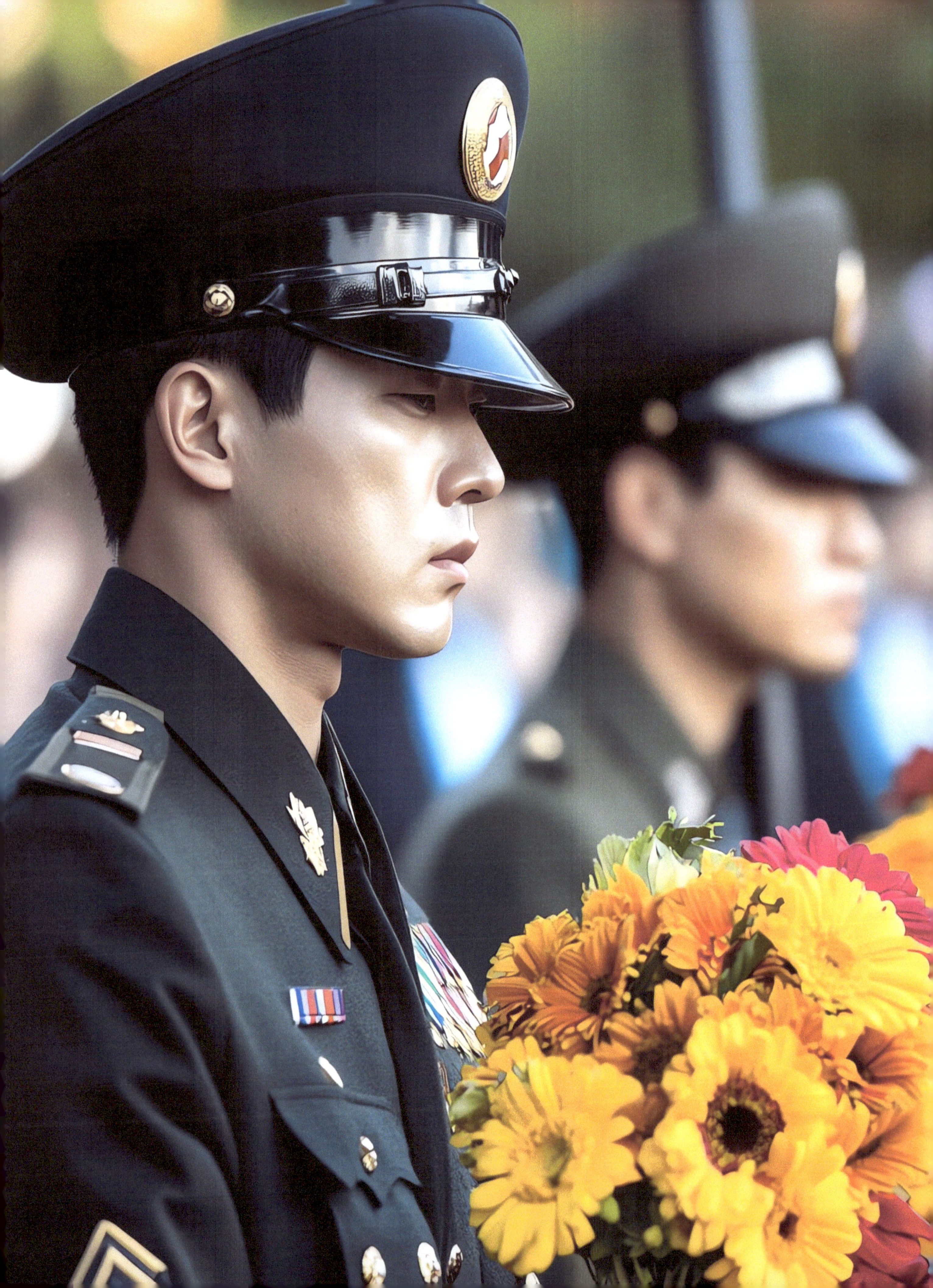

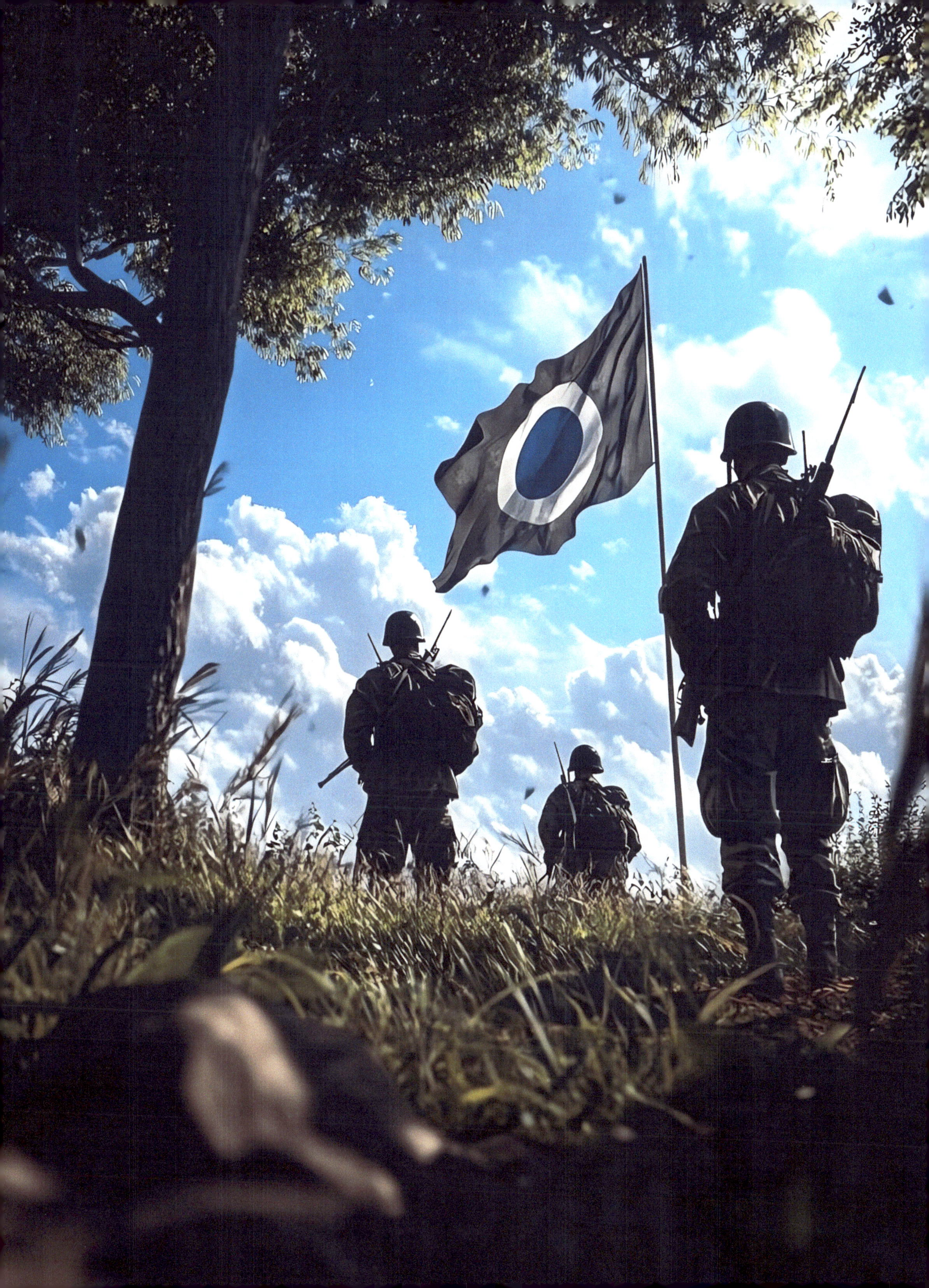

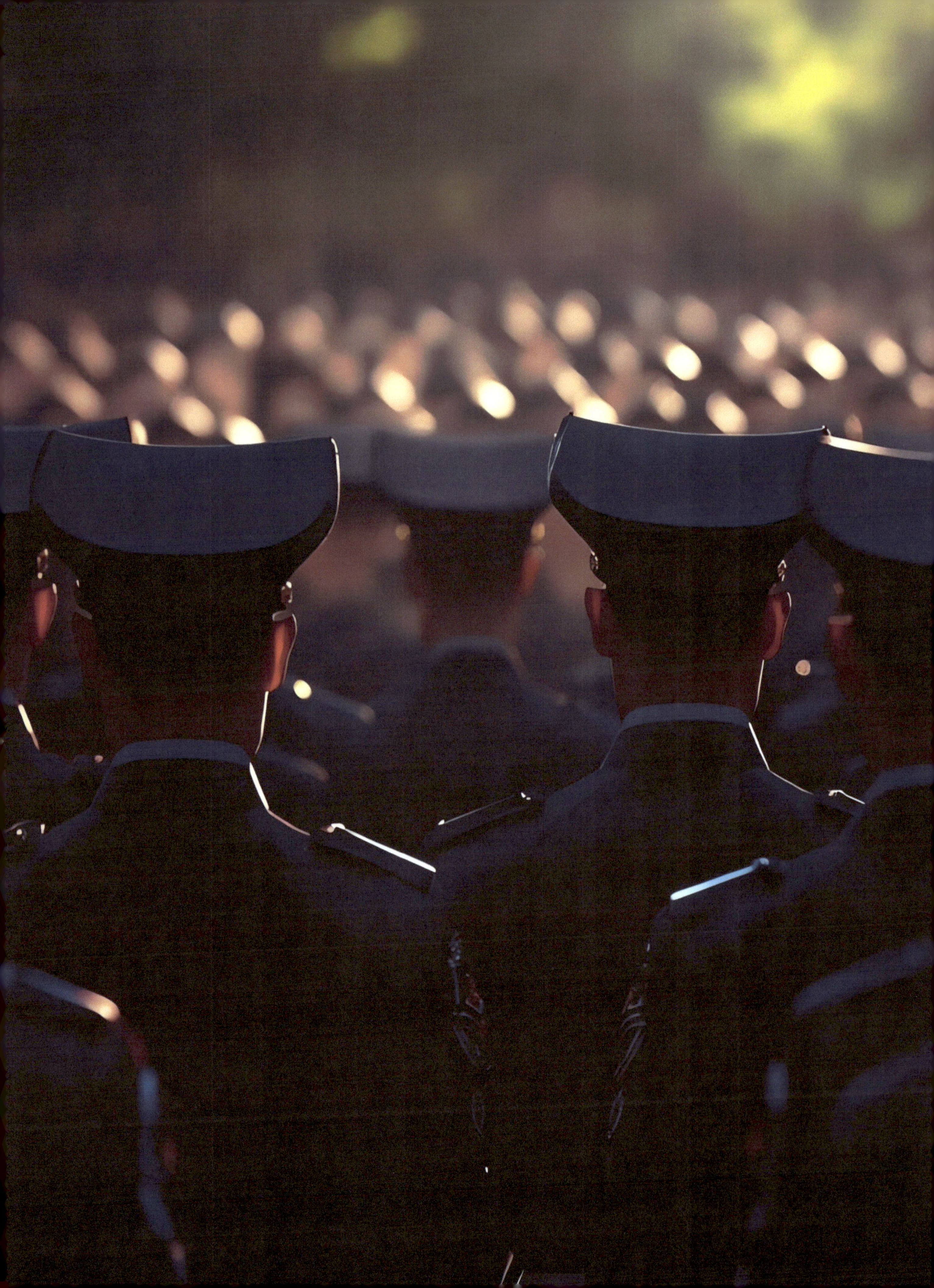

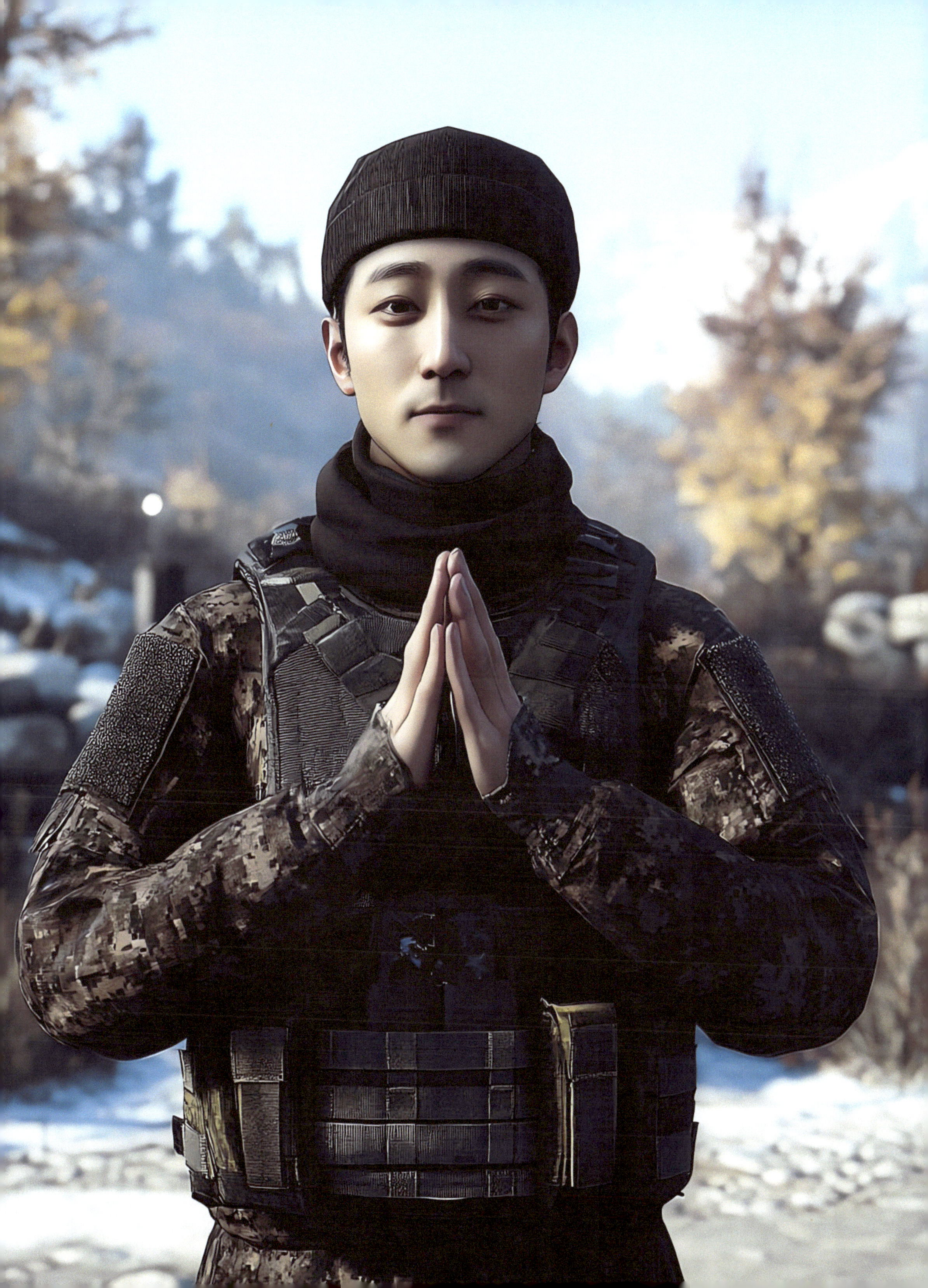

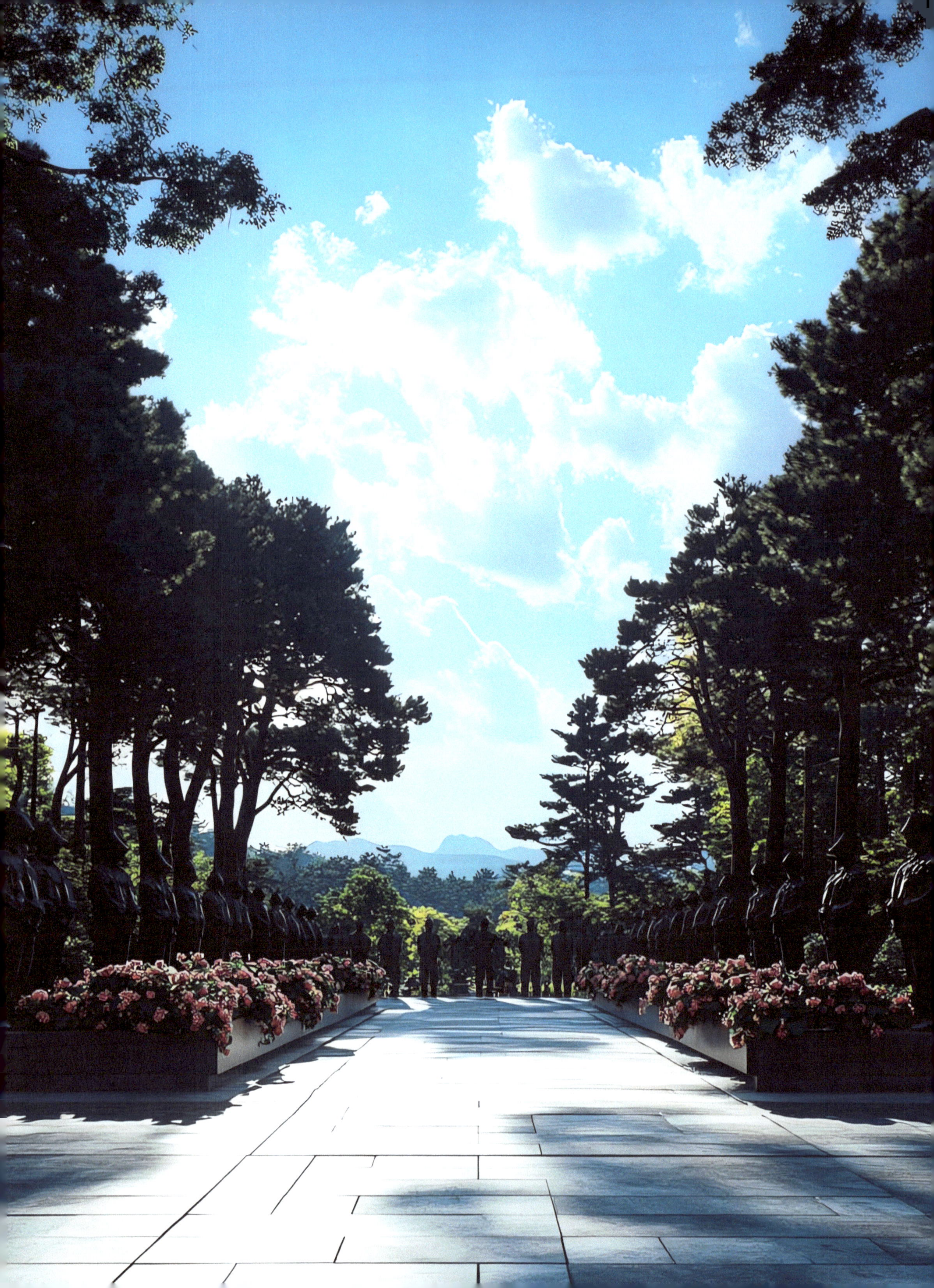

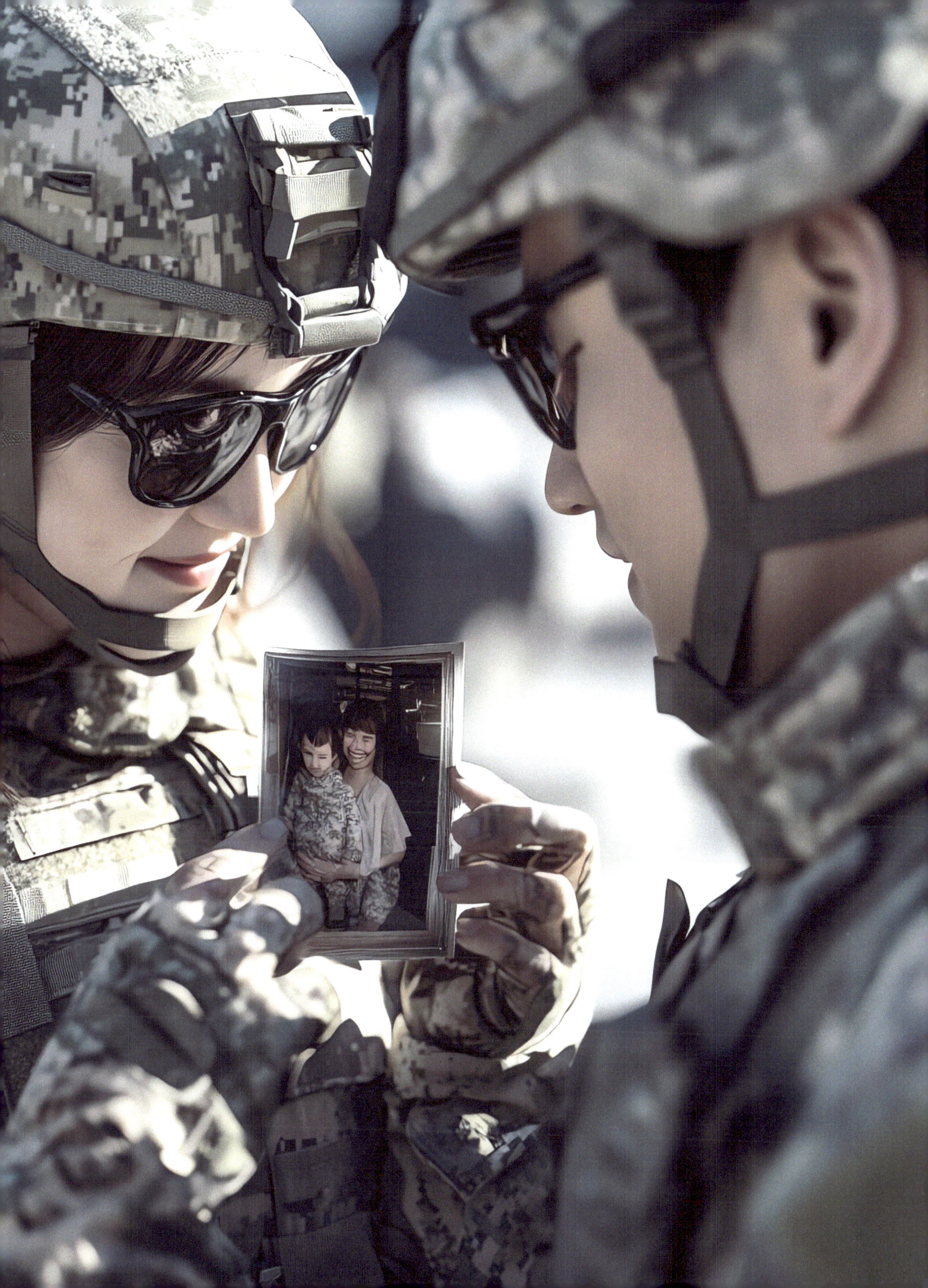

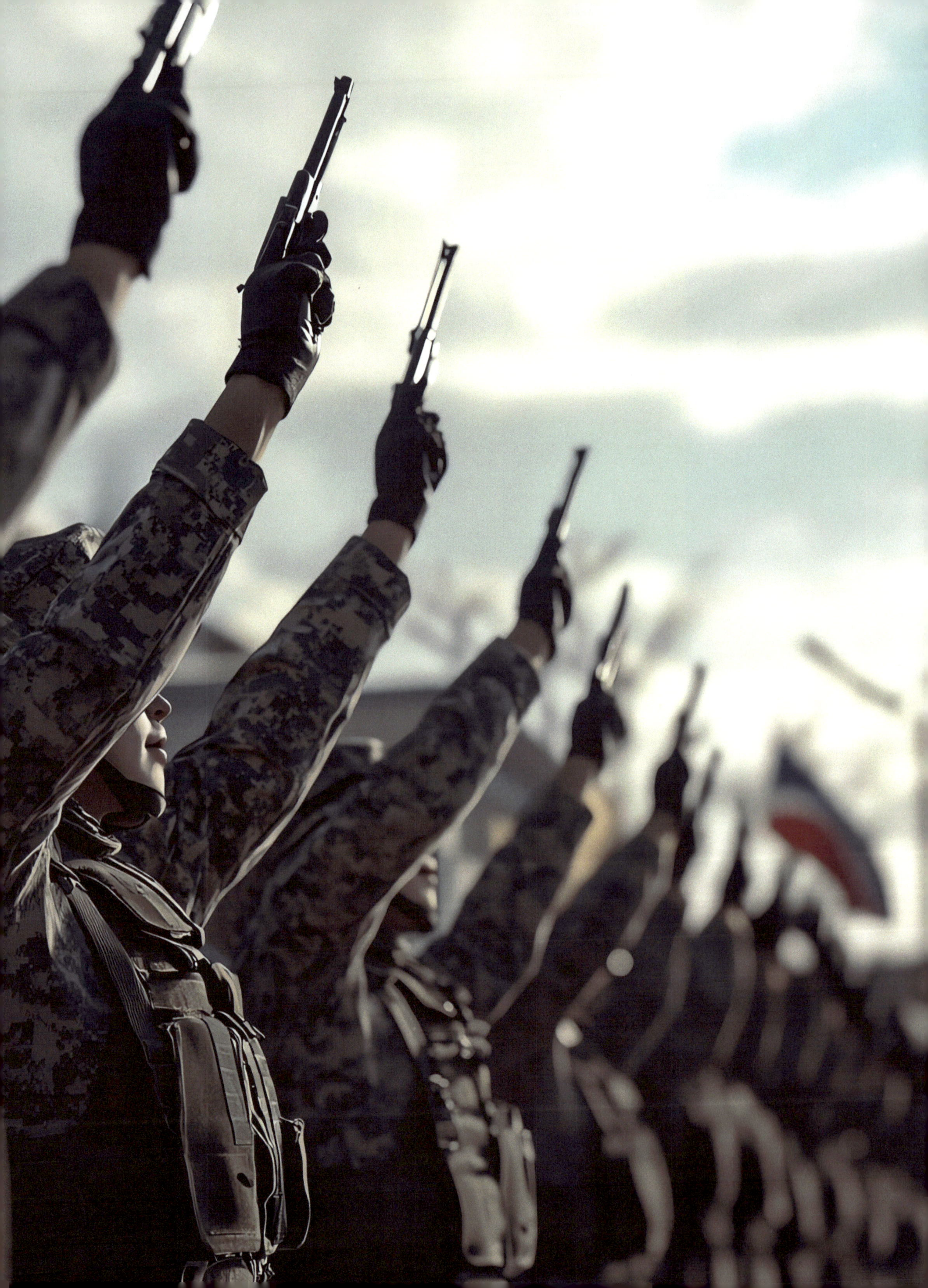

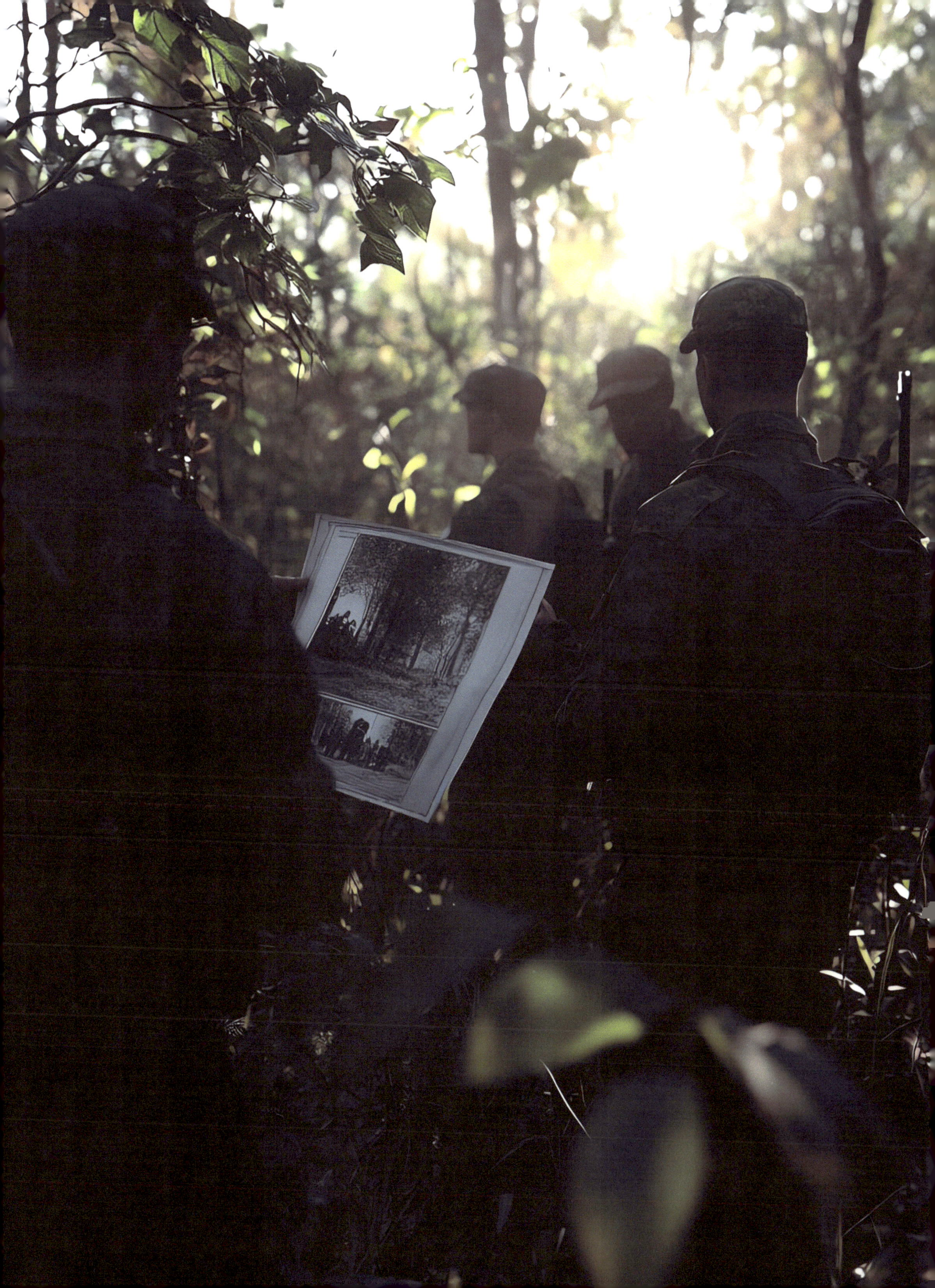

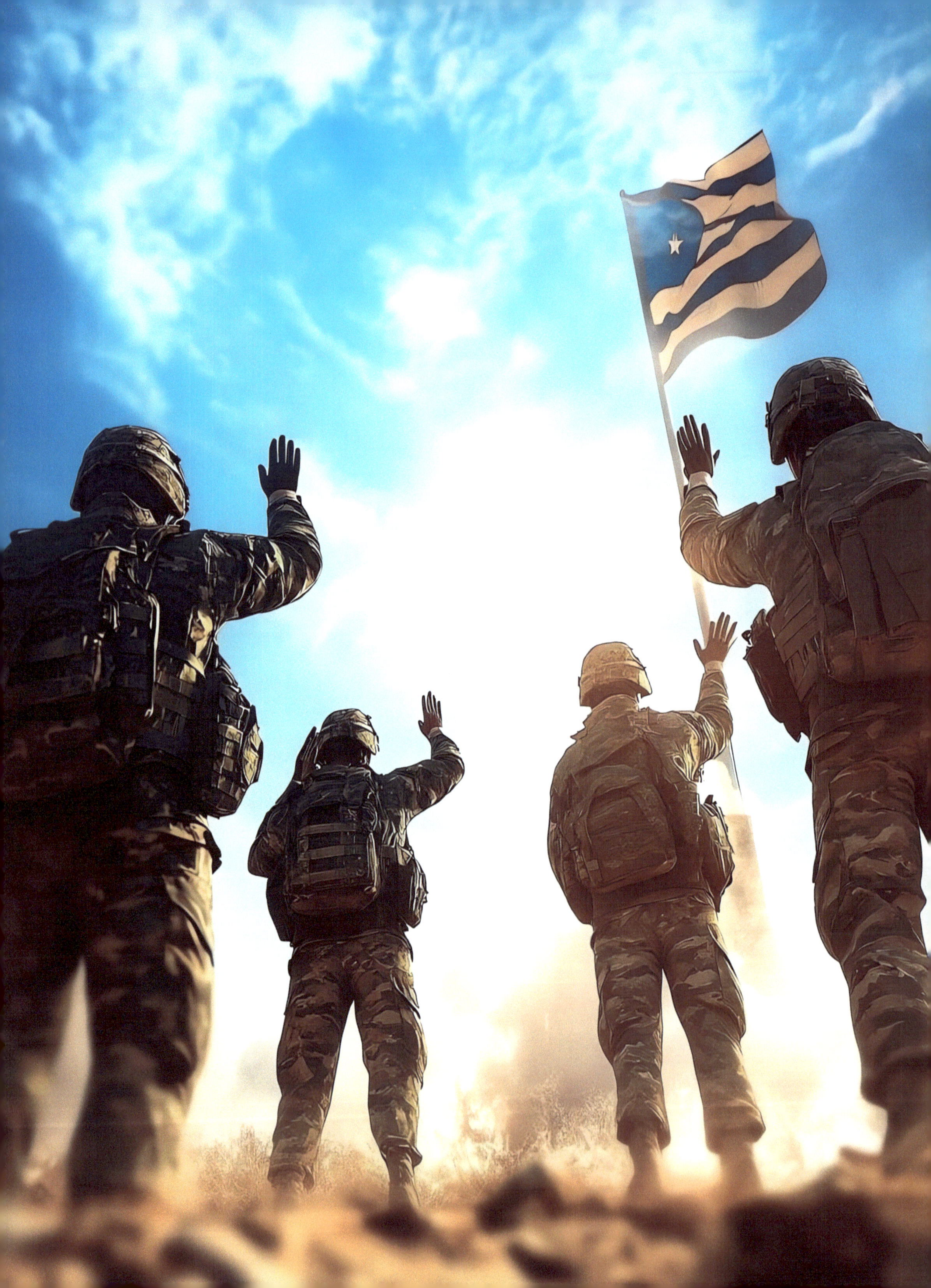

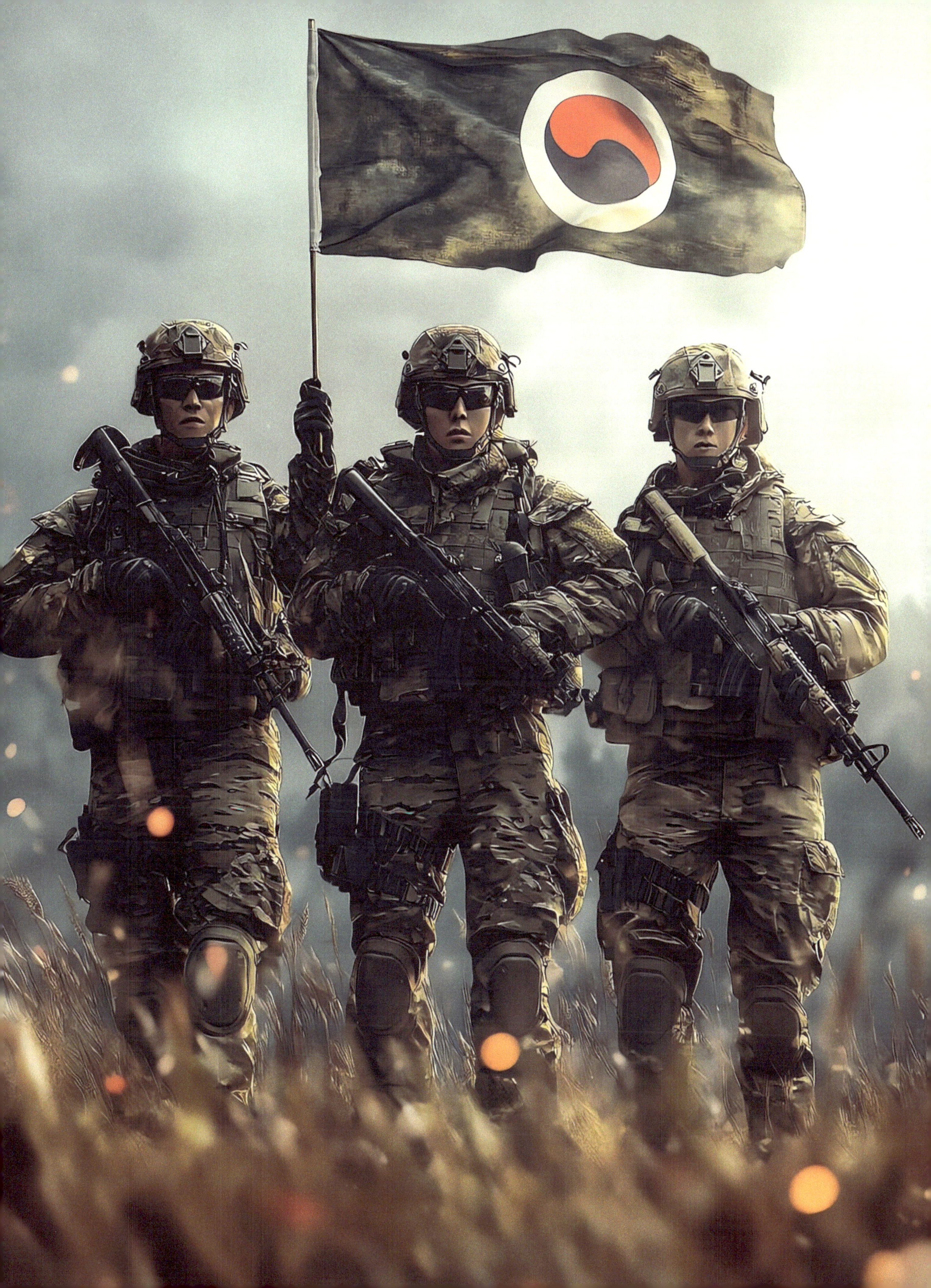

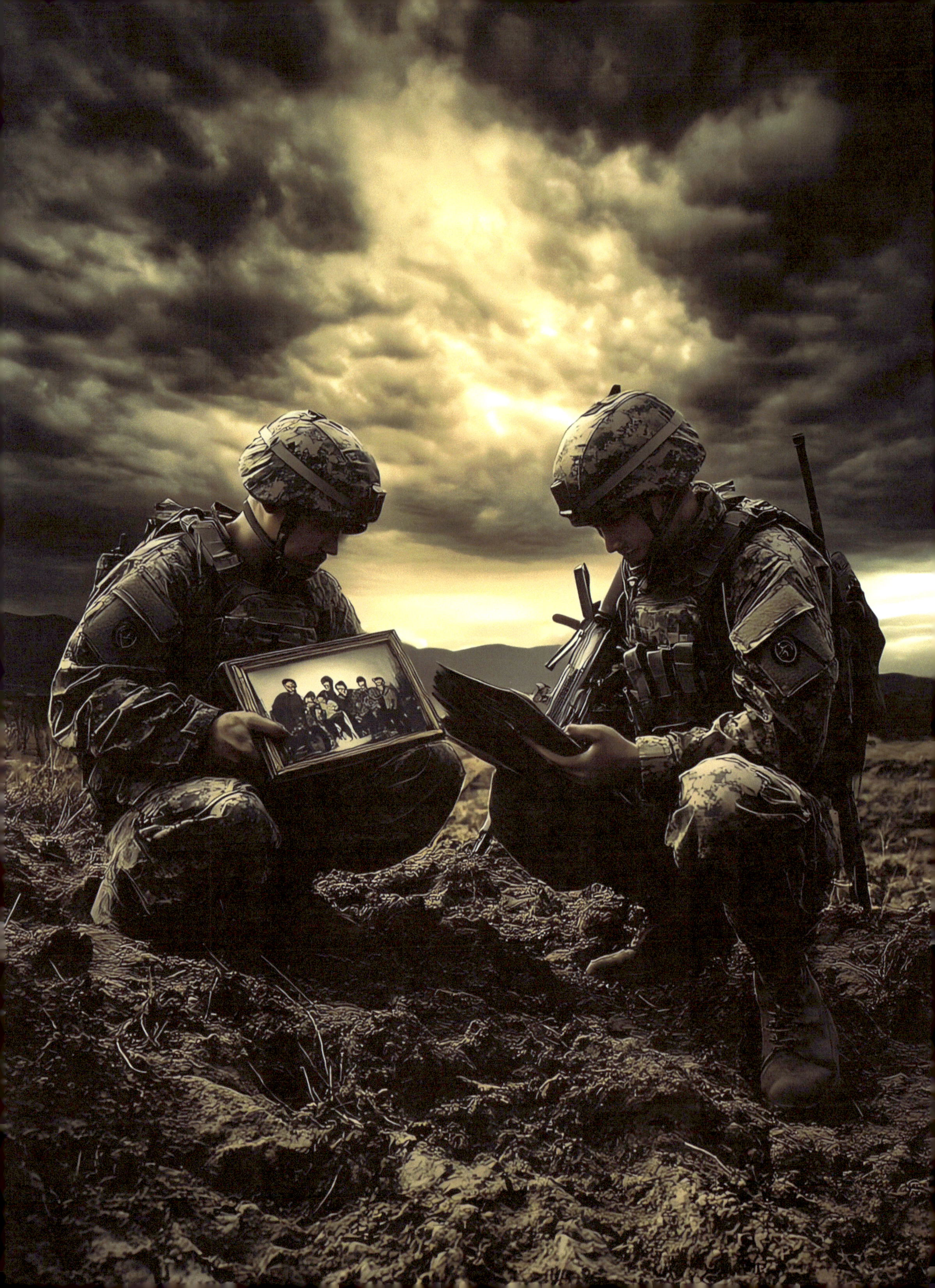

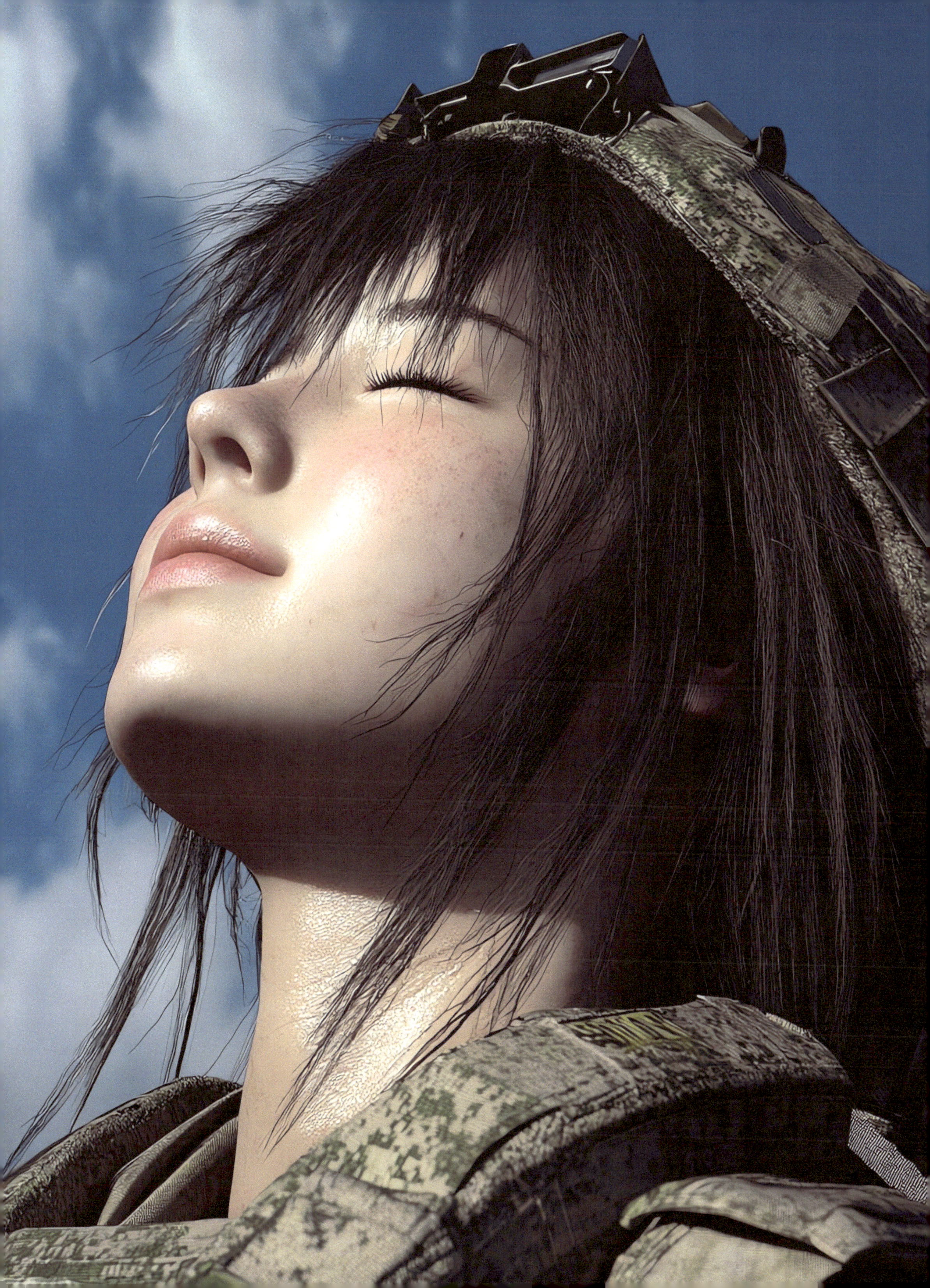

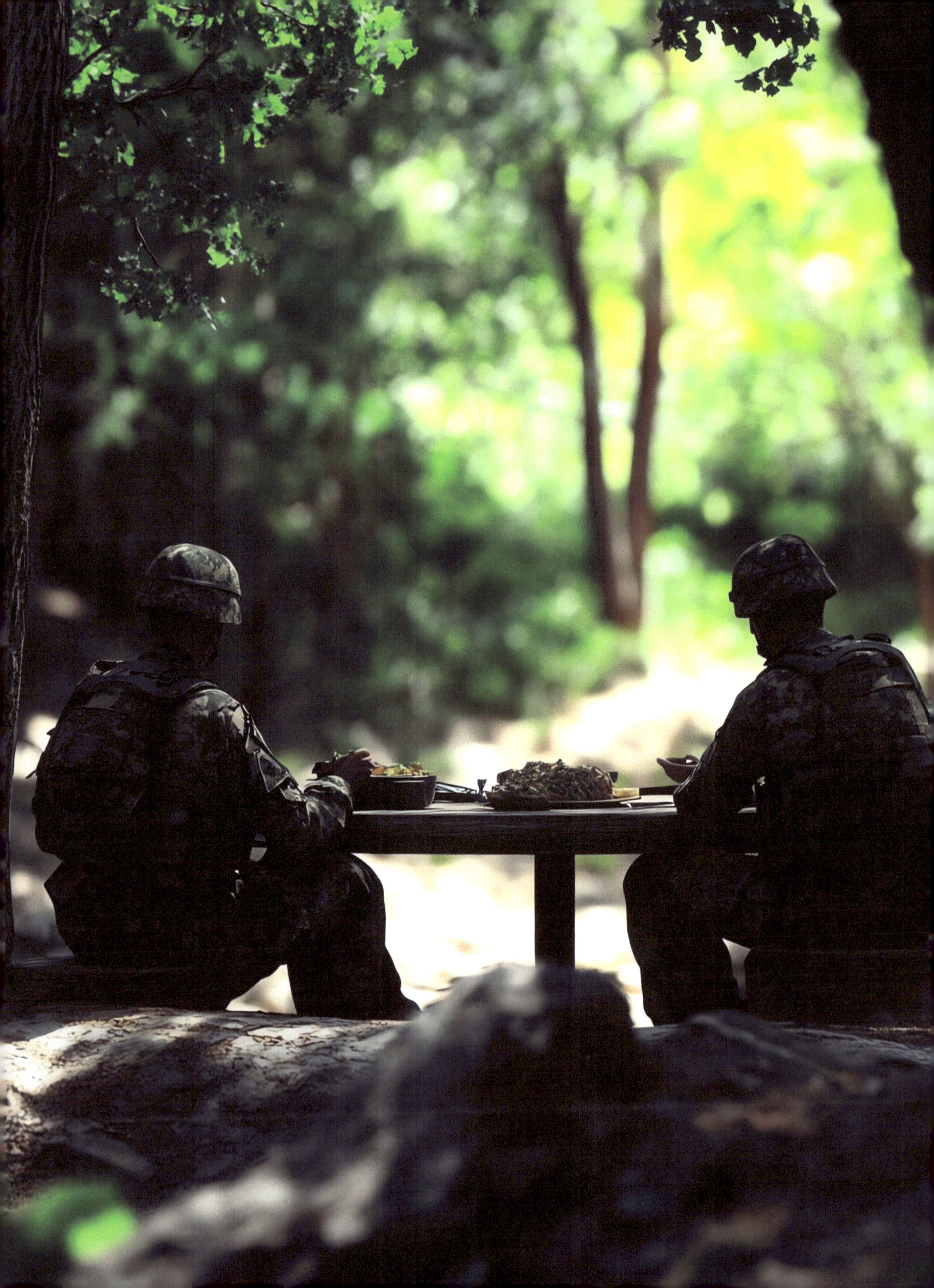

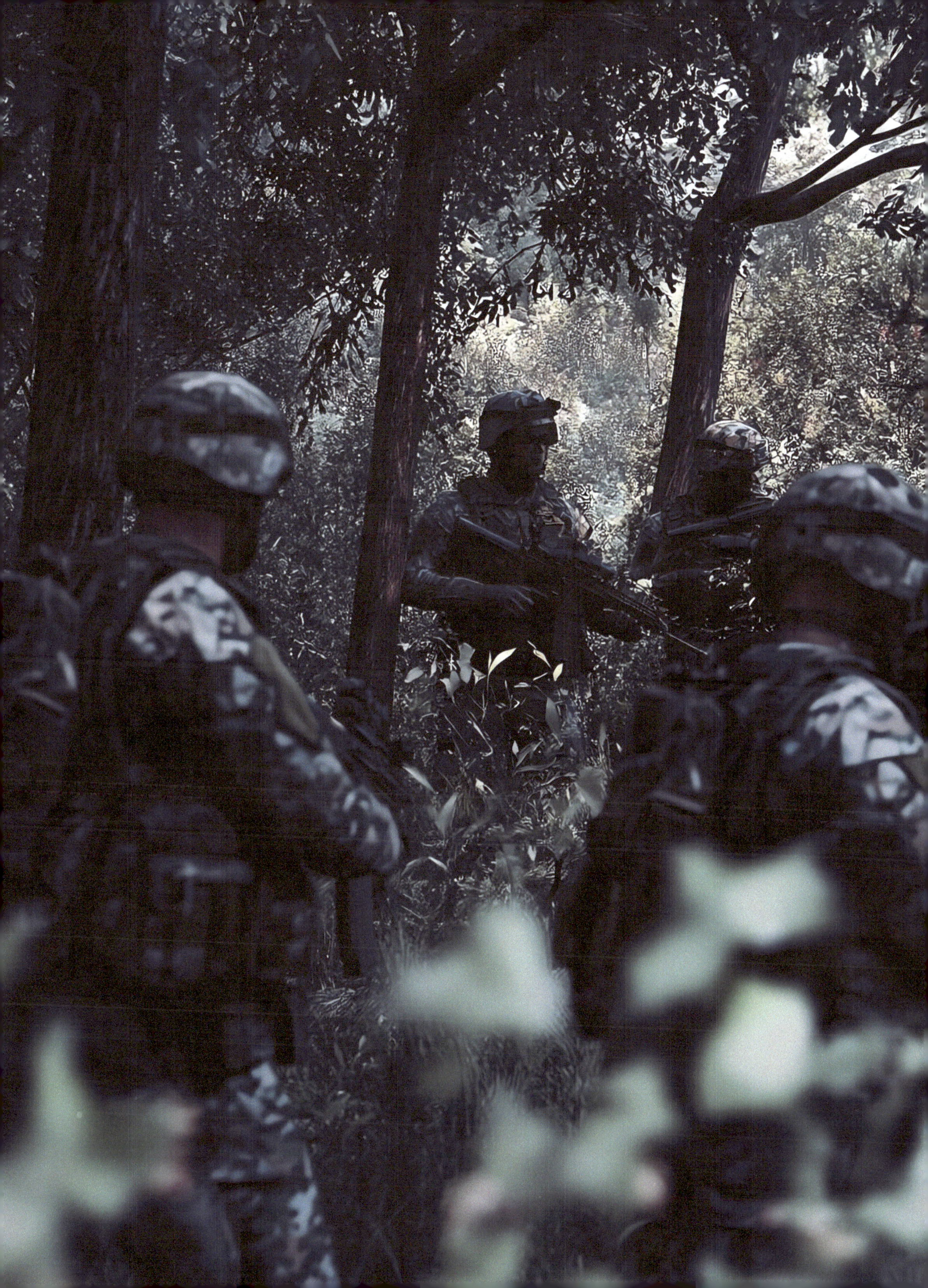

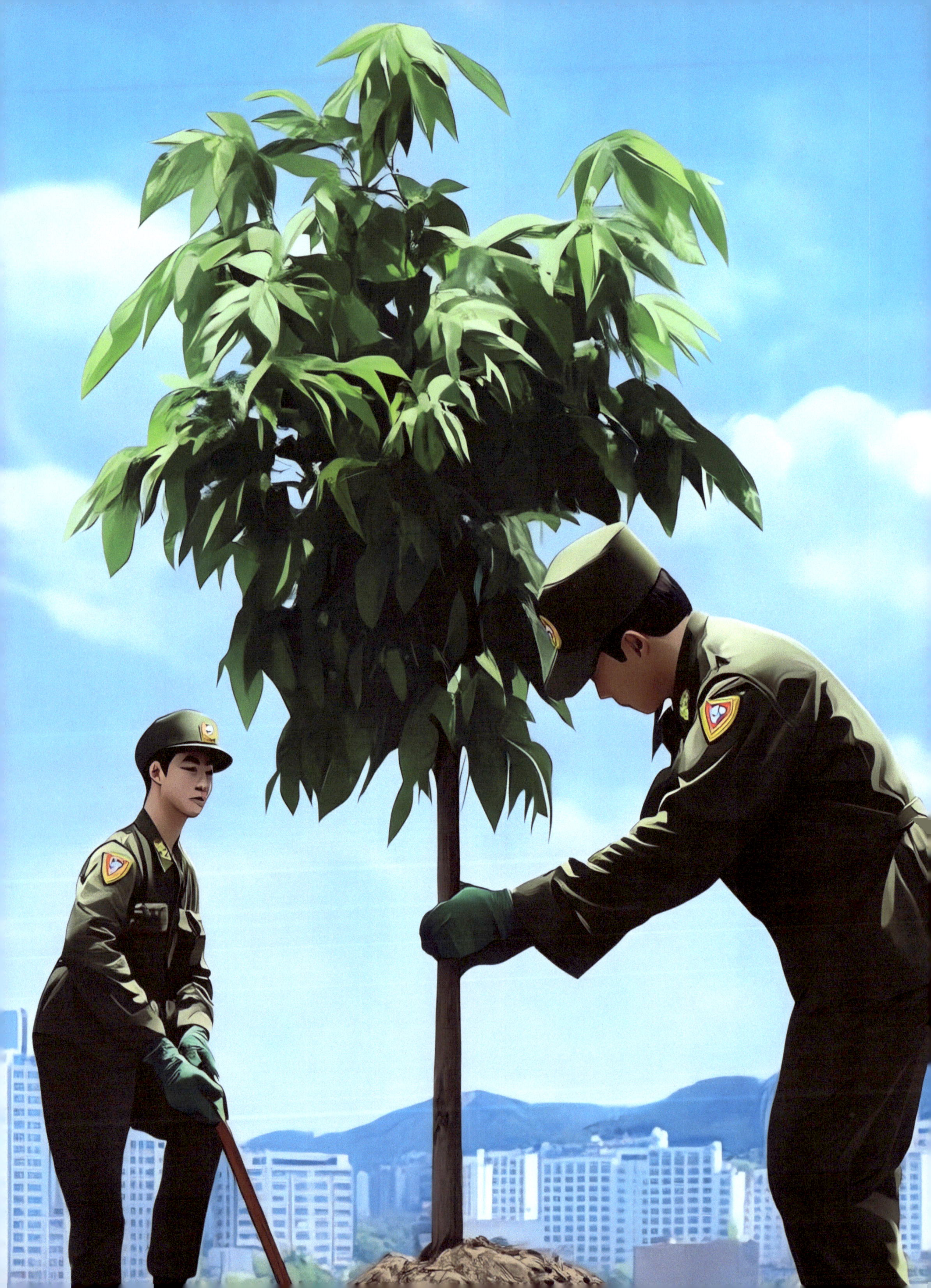

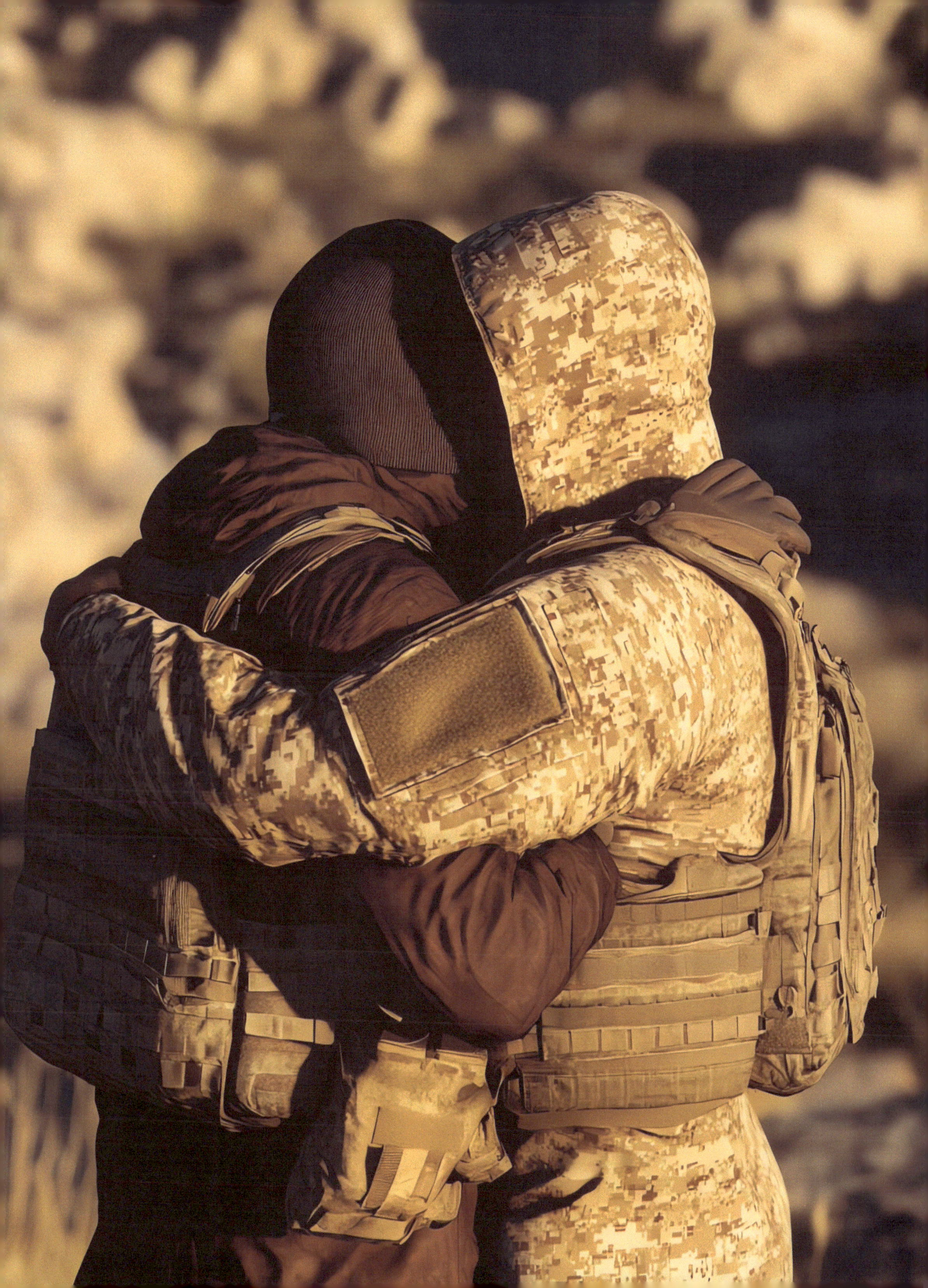

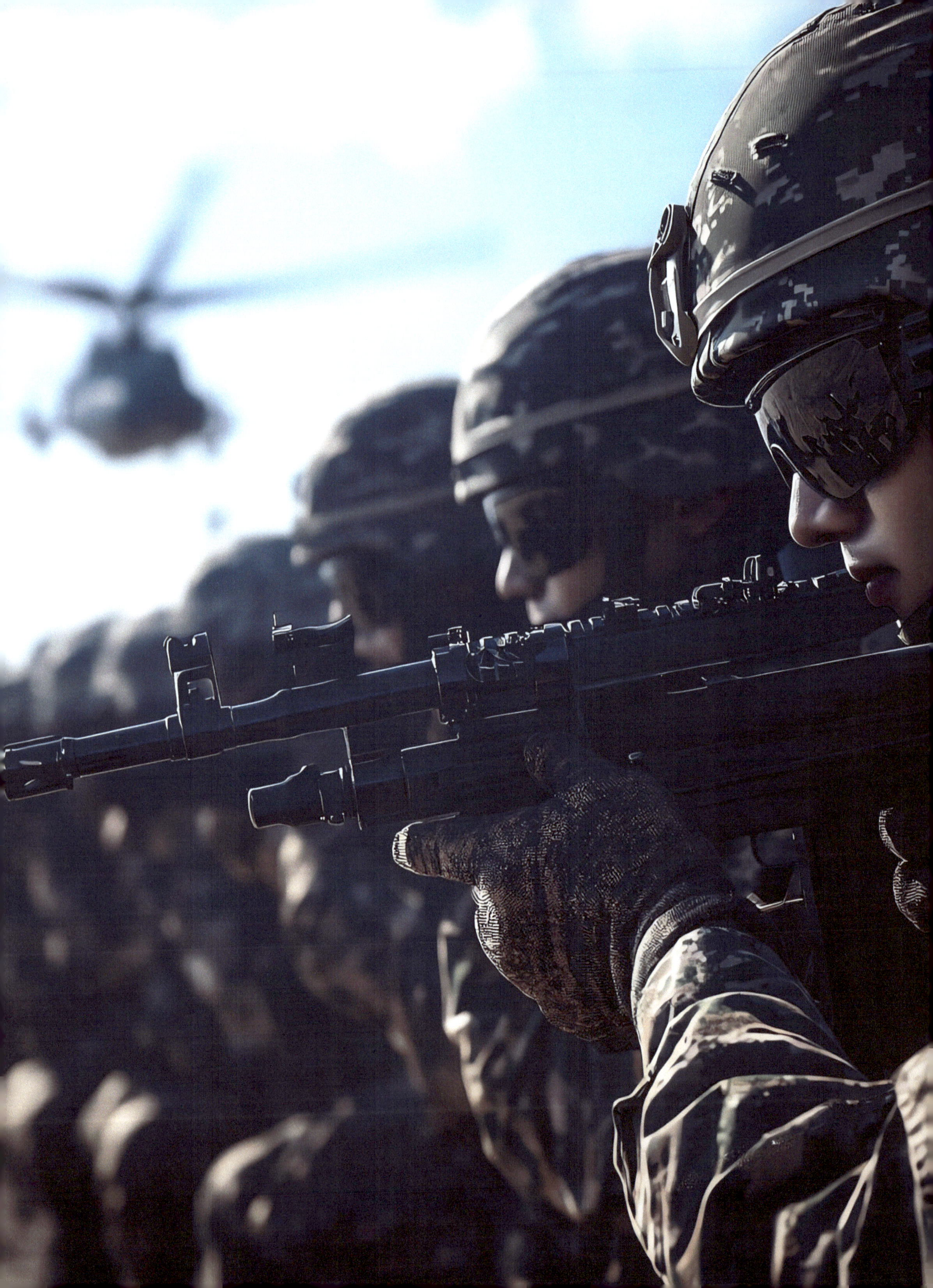

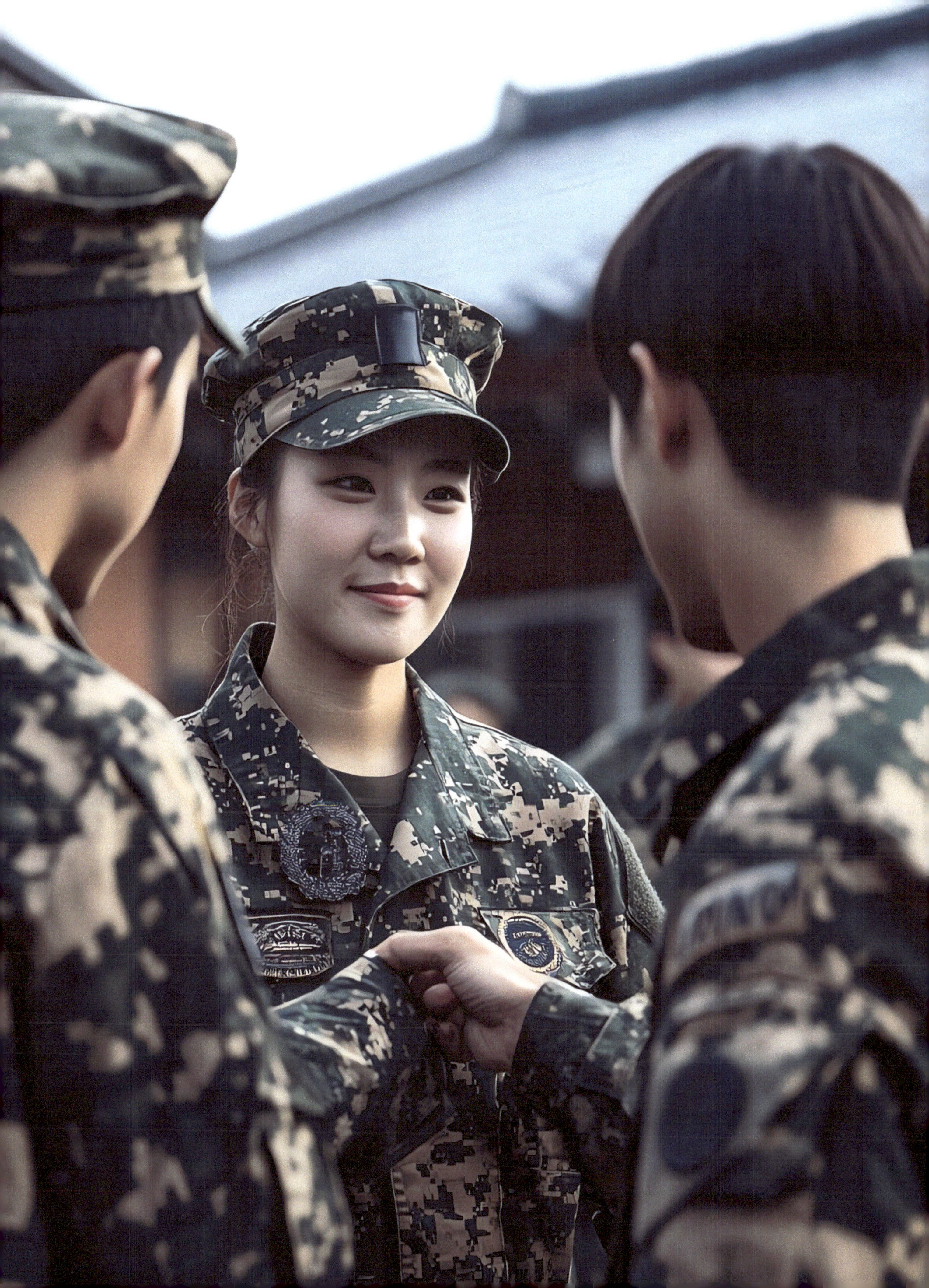

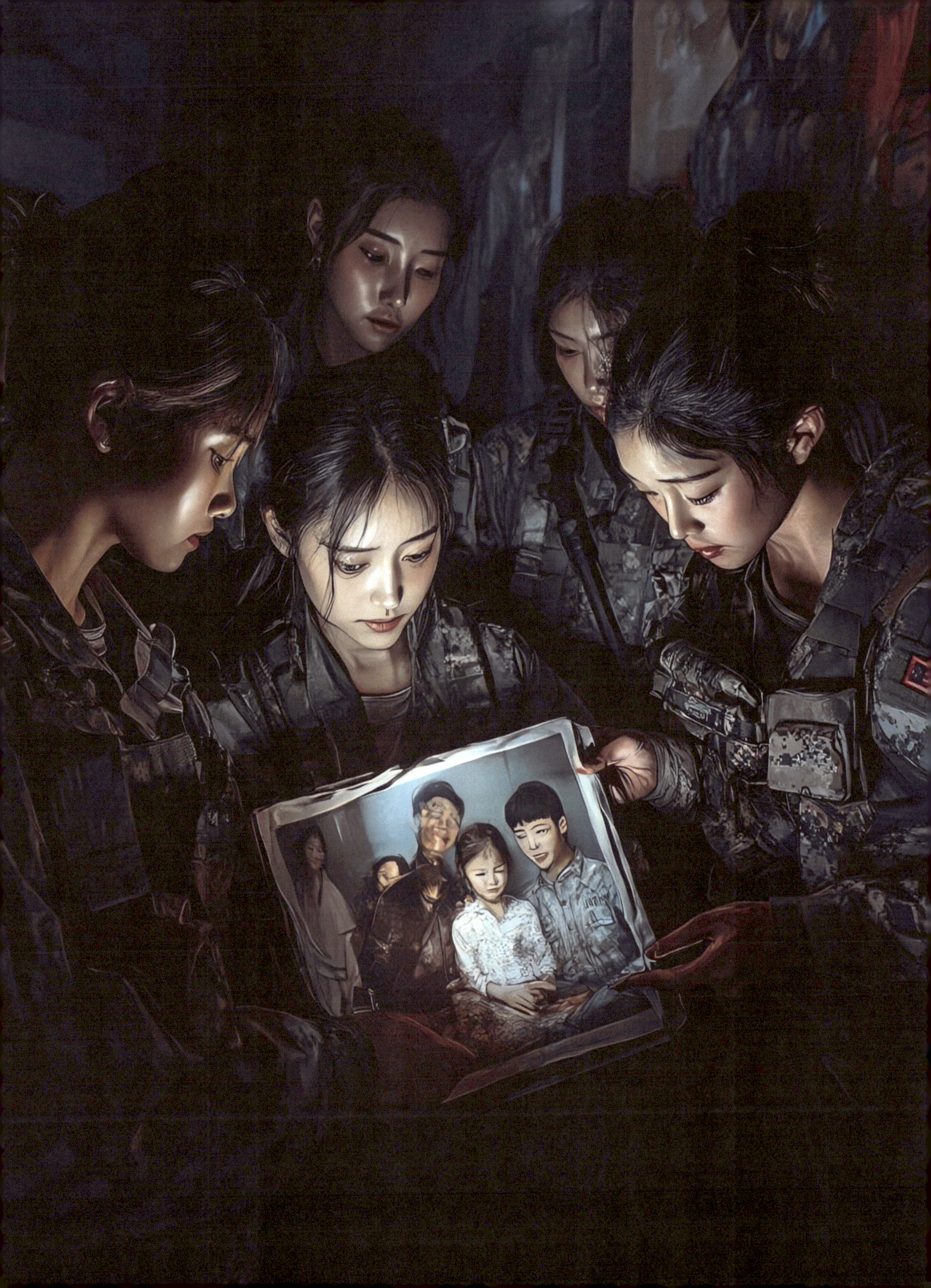

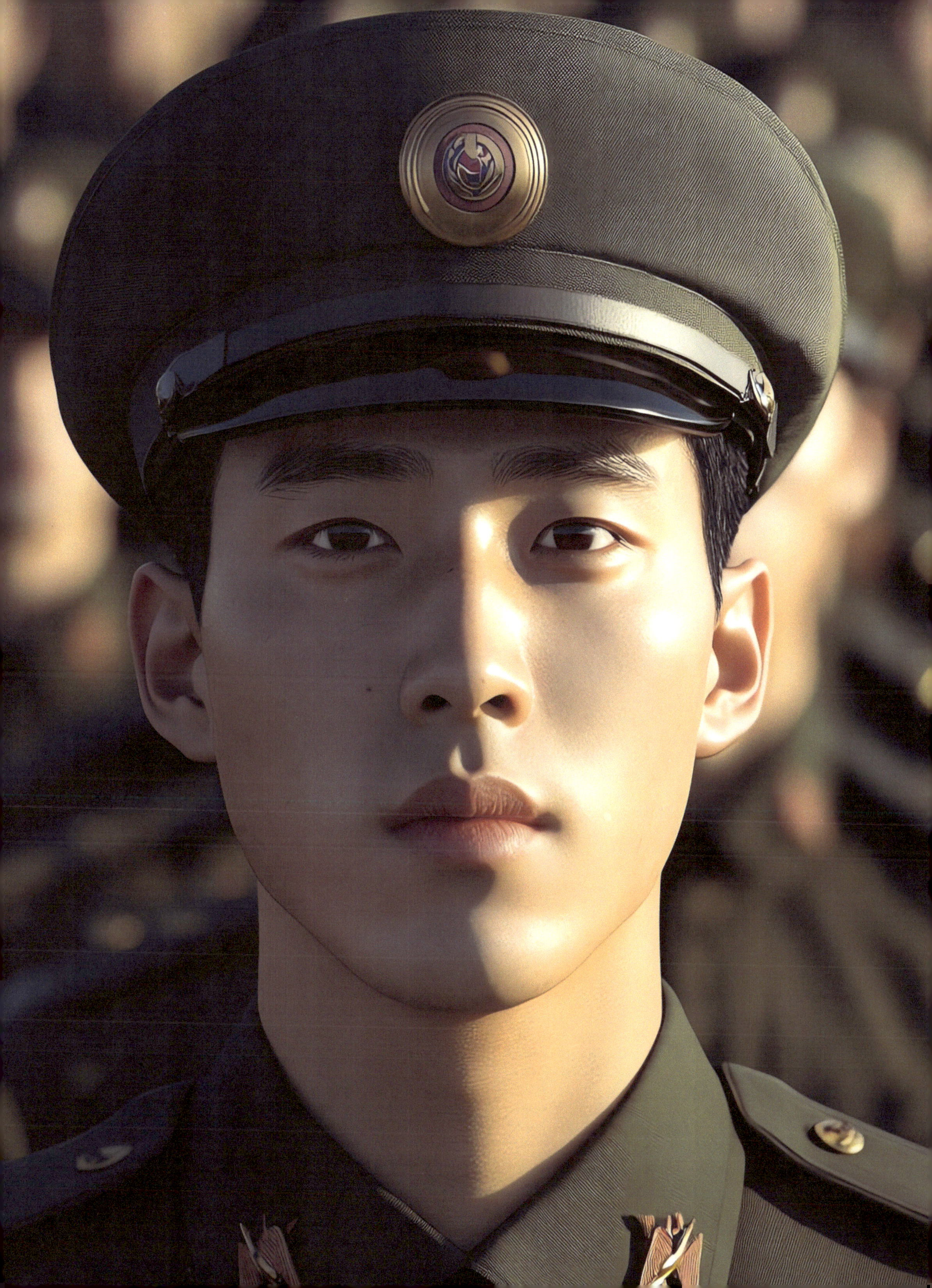

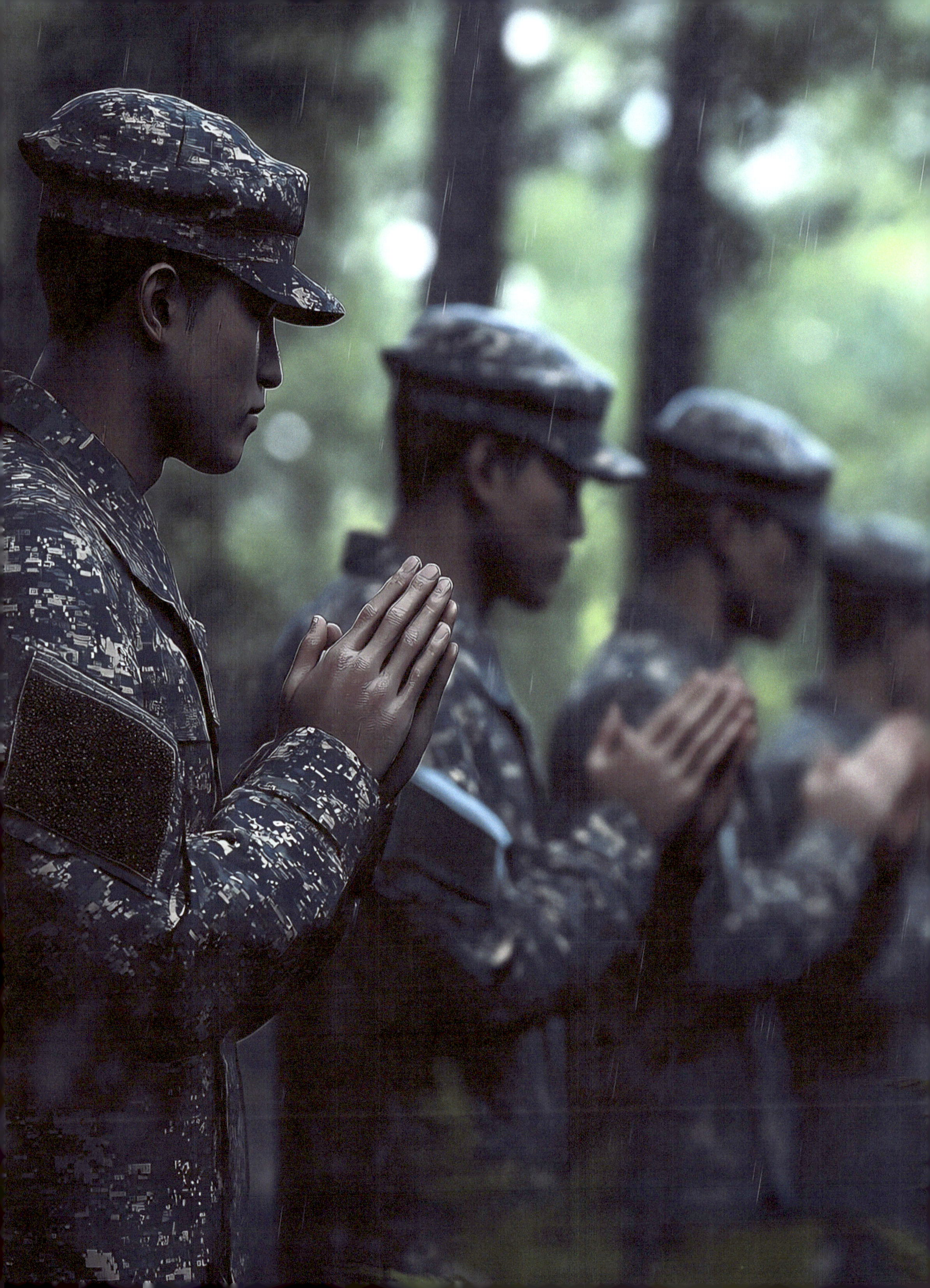

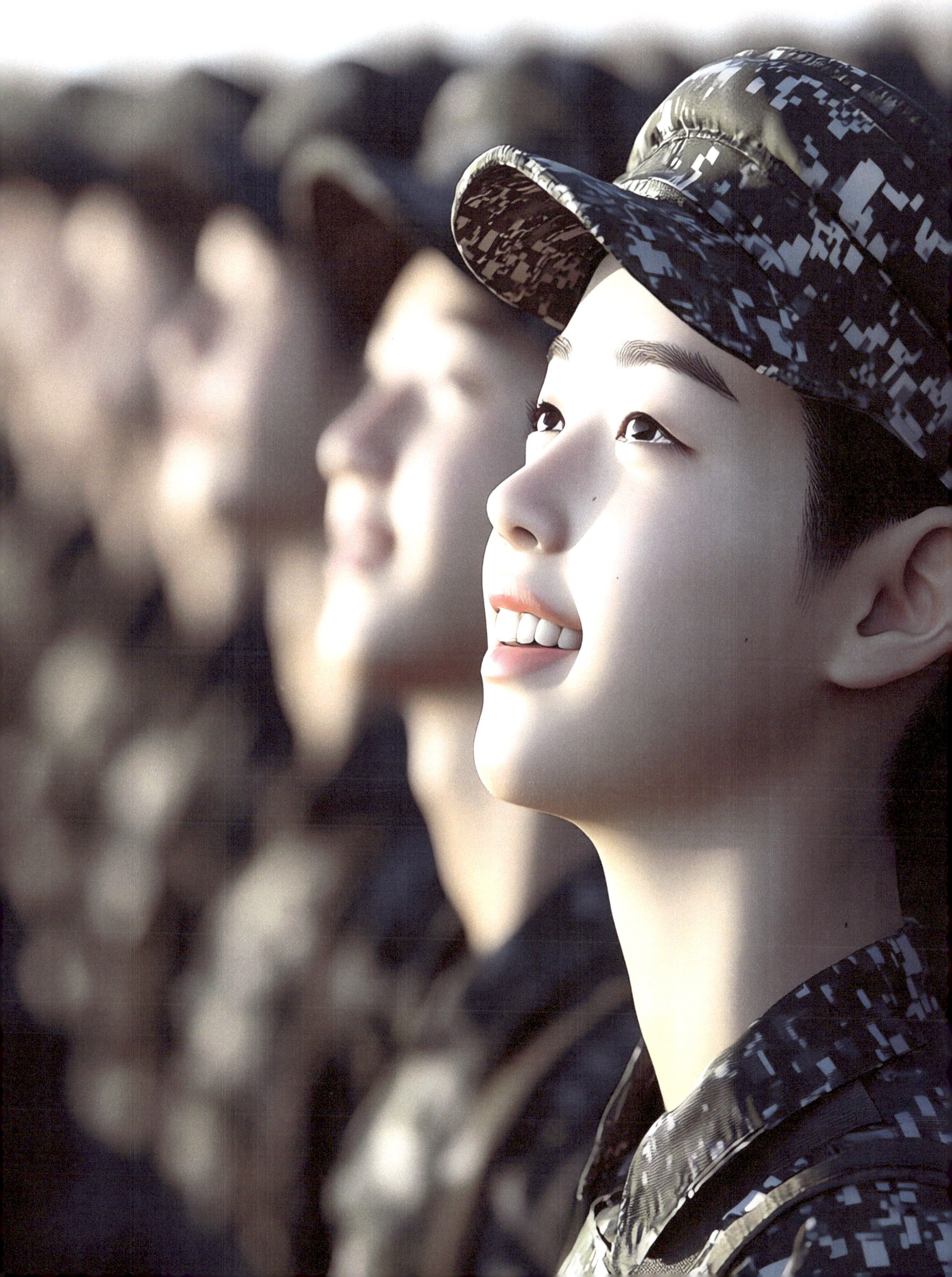

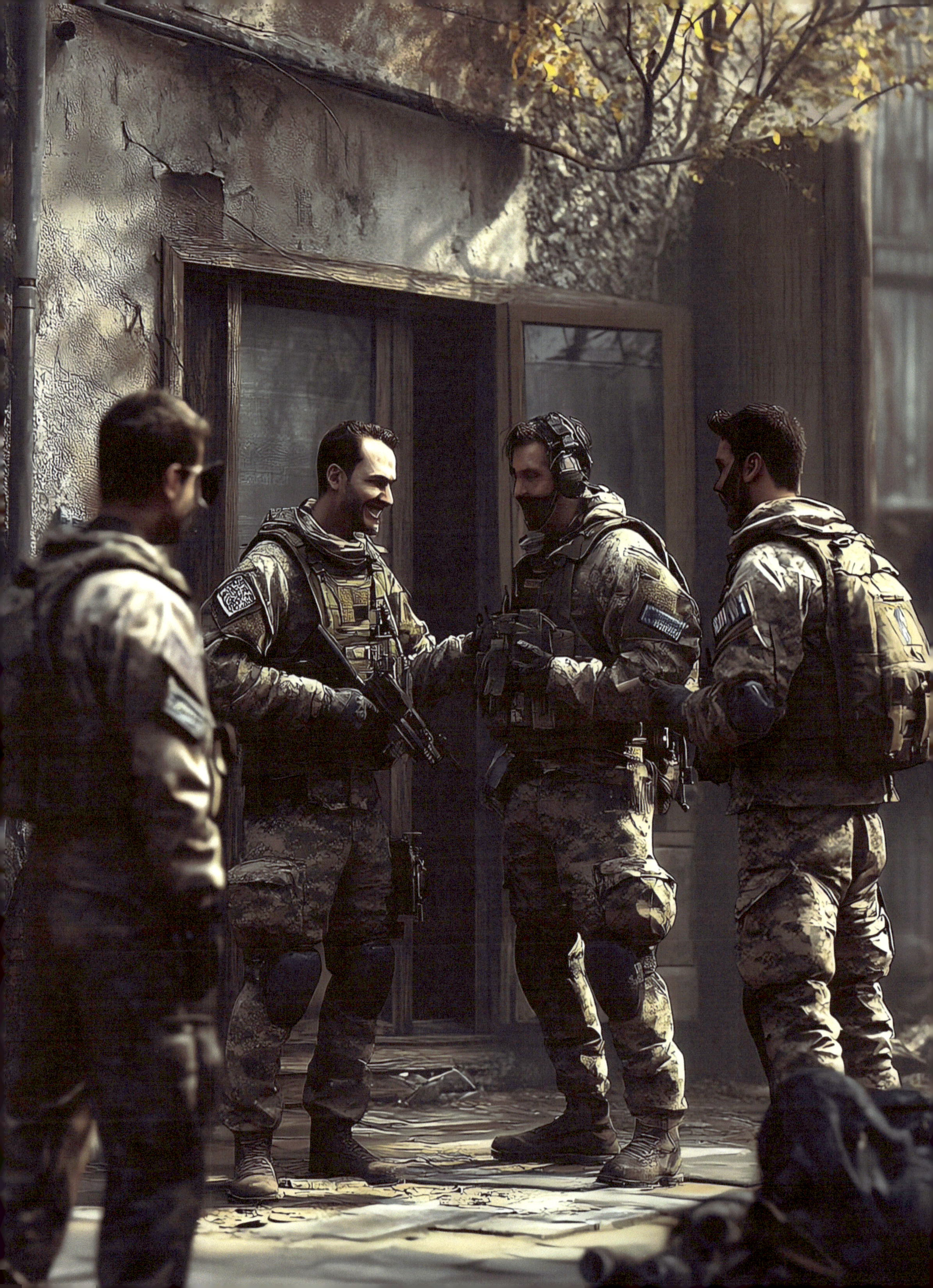

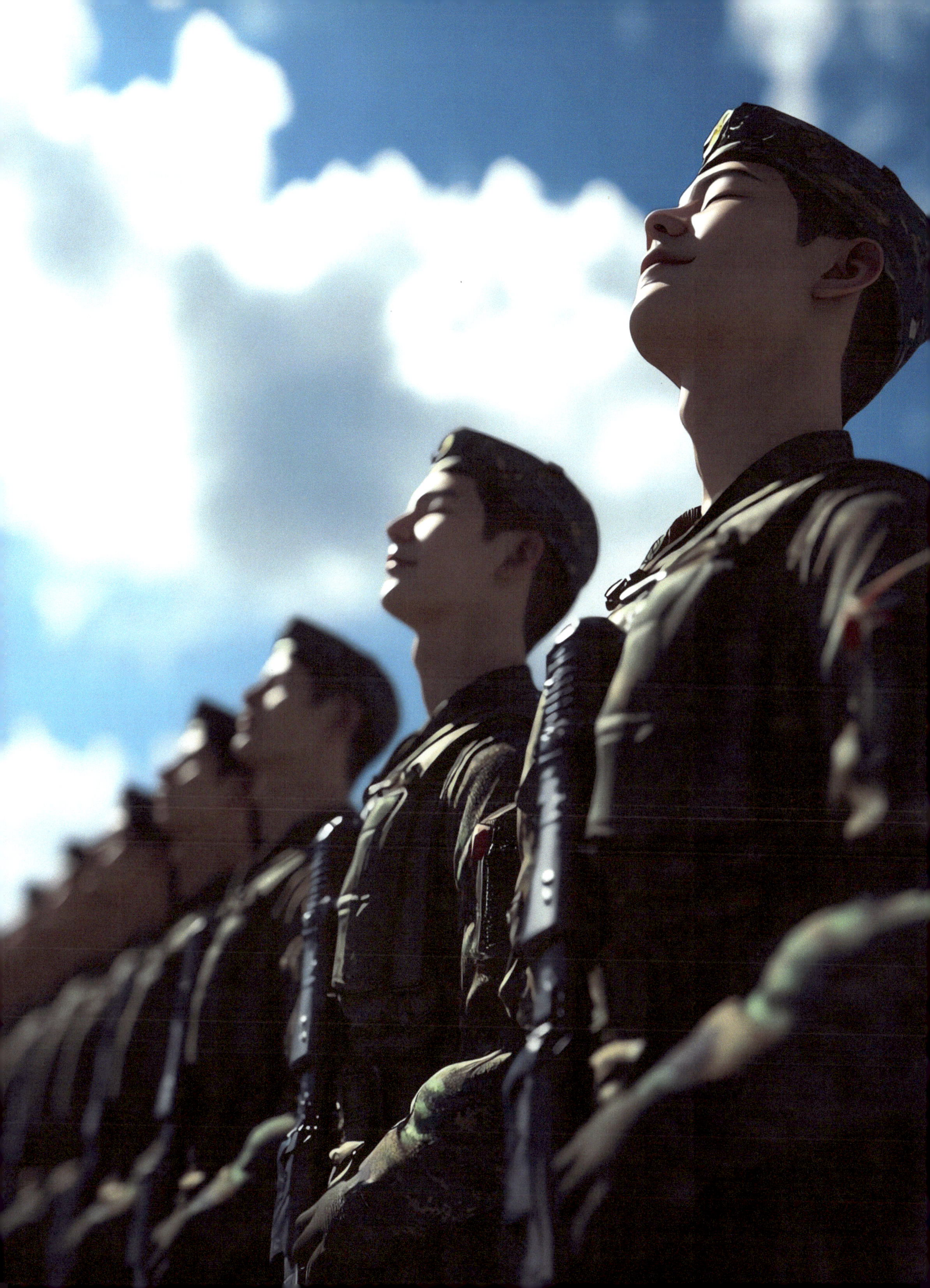

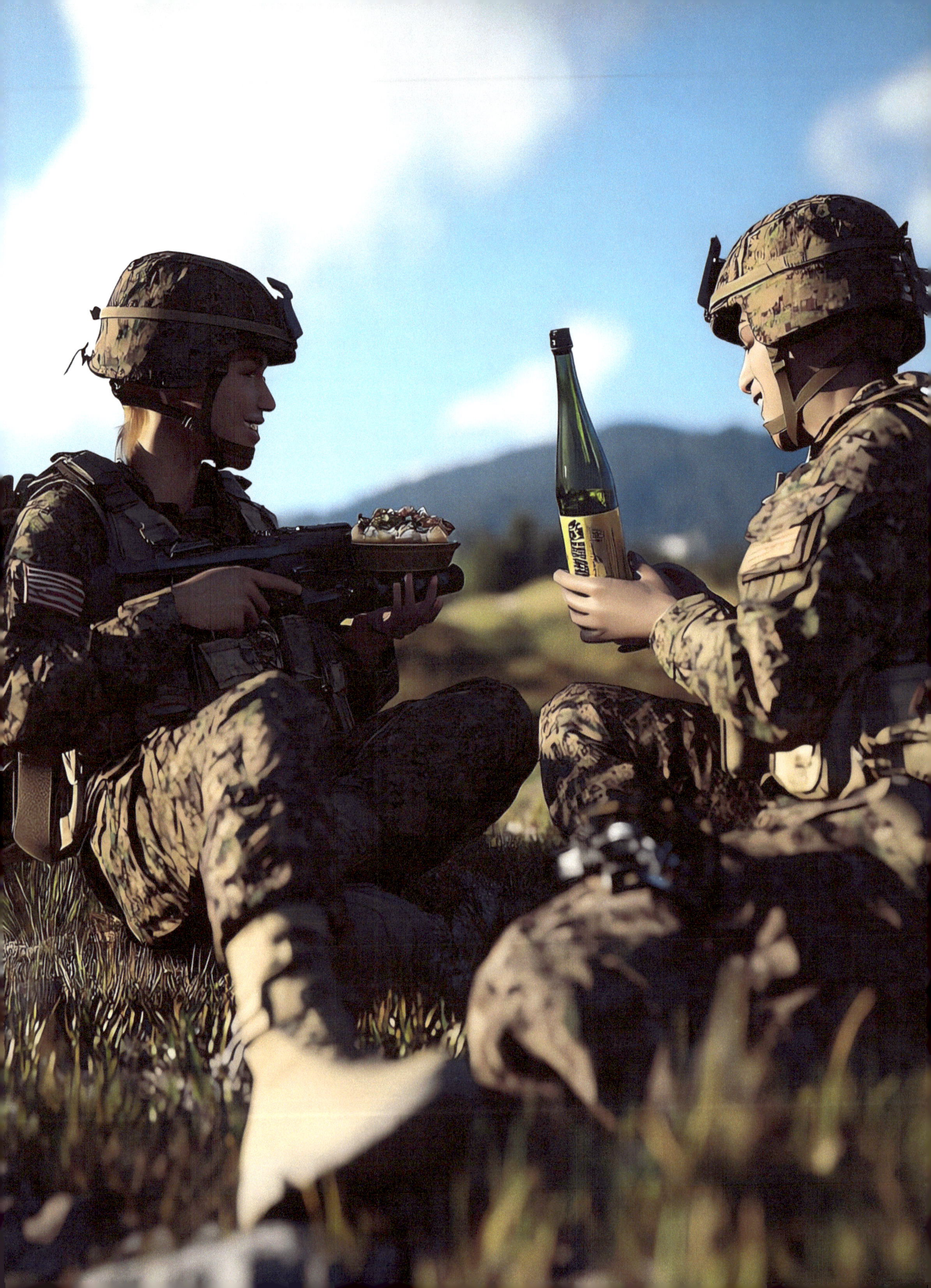

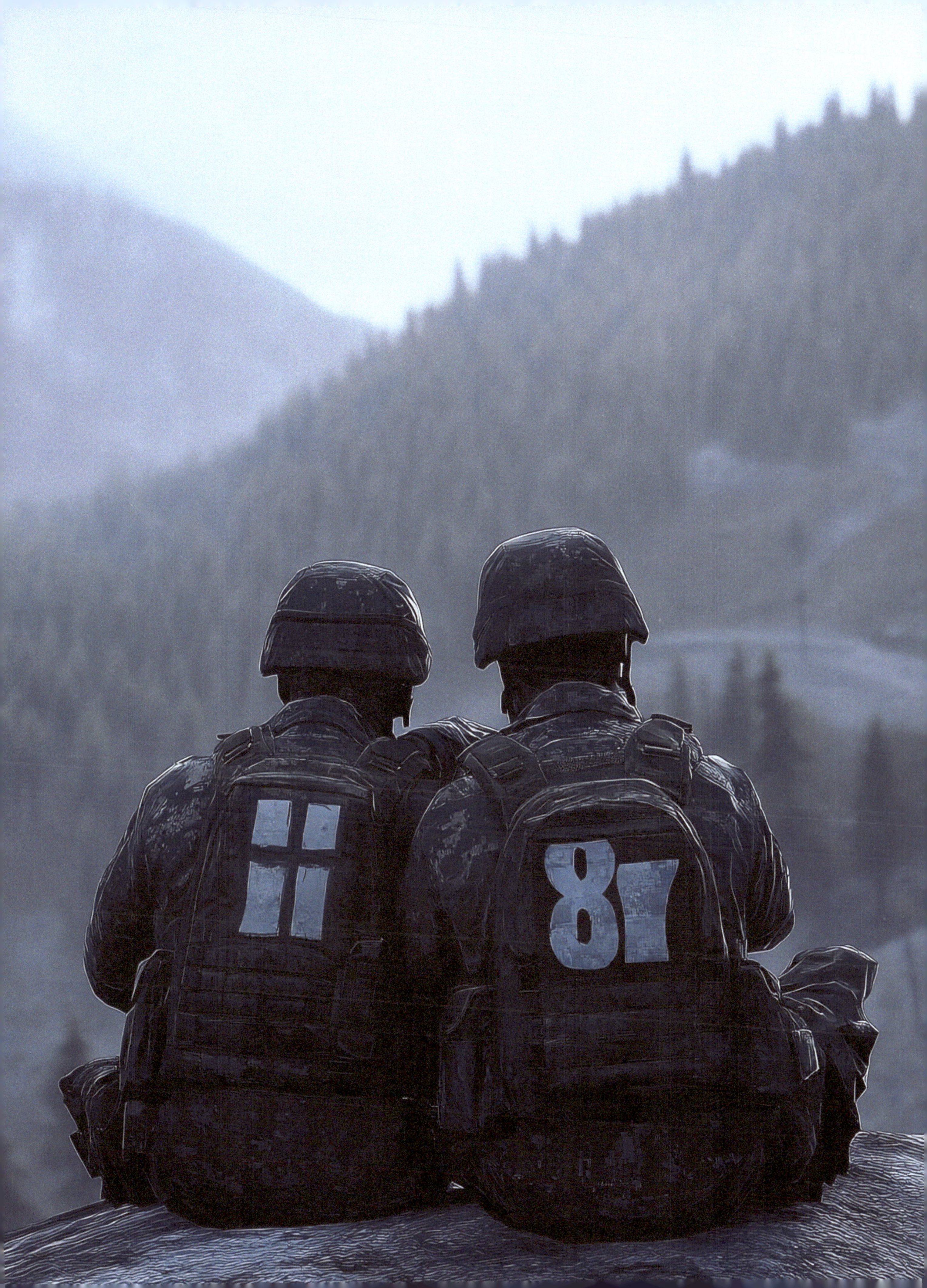

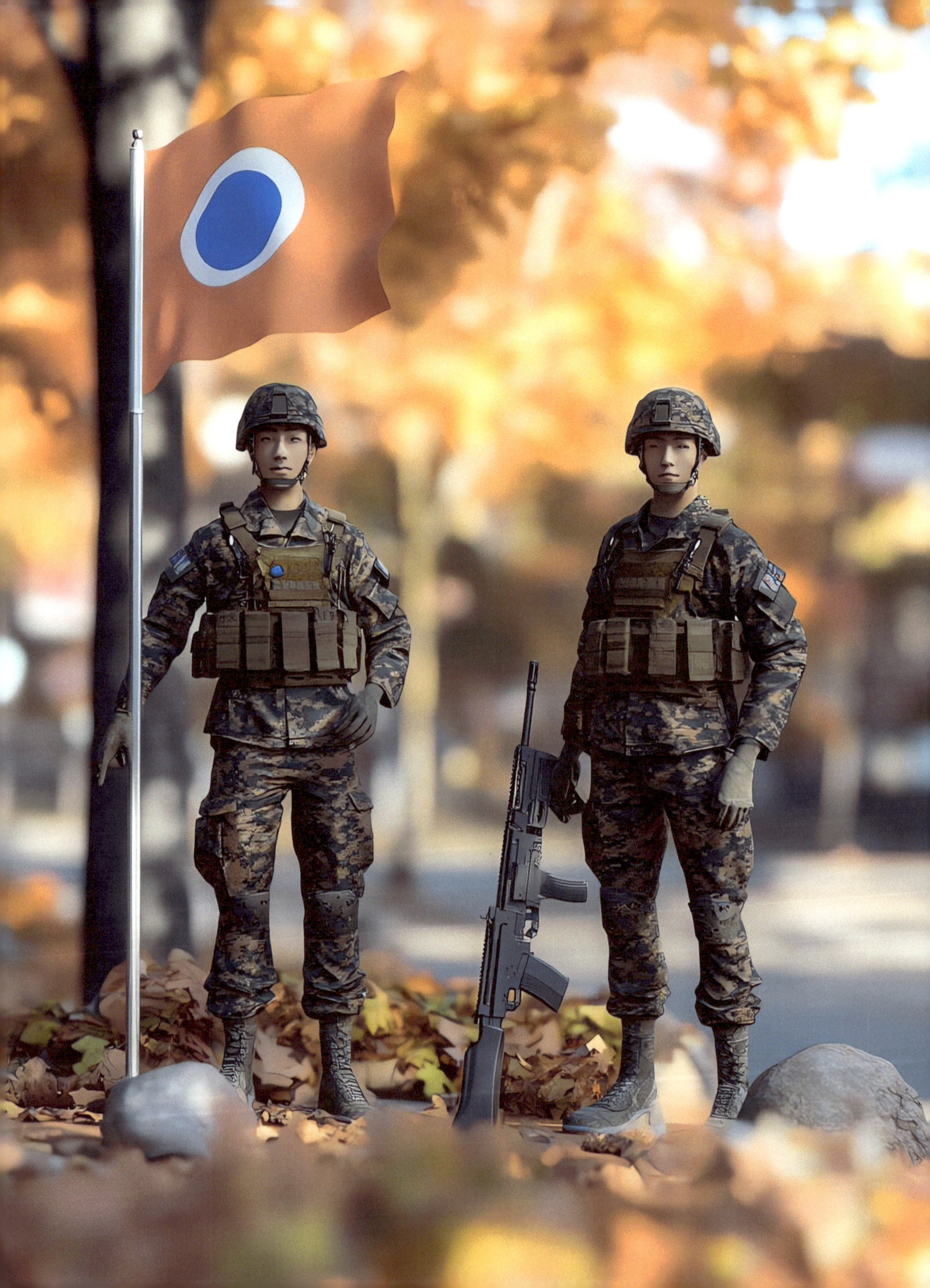

www.ingramcontent.com/pod-product-compliance
Lightning Source LLC
Chambersburg PA
CBHW040444220526
45473CB00004B/1520
* 9 7 9 8 3 0 0 9 6 9 7 6 9 *